Appelez-moi Stéphane

DES MÊMES AUTEURS

Les Voisins, Leméac, 1982.

CLAUDE MEUNIER
LOUIS SAIA

Appelez-moi Stéphane

LEMÉAC

ISBN 2-7609-0104-1

© Copyright Ottawa 1981 par Leméac Éditeur Inc.
1124, rue Marie-Anne Est, Montréal (Qc) H2J 2B7
Dépôt légal - Bibliothèque nationale du Québec, 4e trimestre 1981

Imprimé au Canada

CRÉATION ET DISTRIBUTION

Appelez-moi Stéphane a été créée par le Théâtre des Voyagements en février 1980. Une deuxième version modifiée de la pièce a été donnée à l'Arlequin à l'été 1981; c'est cette version que nous reproduisons ici. La distribution était la suivante:

STÉPHANE .... Gilles Renaud
JACQUELINE .... Monique Miller
JEAN-GUY .... Marc Messier
LOUISON .... Frédérique Bédard
GILBERTE .... Louise Forestier
RÉJEAN .... Serge Thériault

Mise en scène: Louis Saia
Décors: François Séguin
Éclairage: Jean-Claude Leblanc
Costumes: Suzanne Harel

Claude MEUNIER

Claude Meunier est né à Montréal le 4 septembre 1951. Pendant ses études de droit à l'université de Montréal, il monte des spectacles d'étudiants. C'est le début de sa collaboration avec Louis Saia. En 1973, il fait partie du groupe Les Frères Brother (avec Jacques Grisé et Robert Morrissette), prédécesseur du groupe Paul et Paul. En 1974-1975, il participe avec les 6 Bols (dont Jacqueline Barrette, Jean-Pierre Plante, Isabelle Doré, Jacques Grisé et Serge Thériault font aussi partie) à la rédaction de *la Fricassée*, série télévisée pour enfants. Avec le même groupe, Claude Meunier participe à l'écriture des *Nerfs à l'air*, pièce à sketches jouée au Patriote et au Gesù de Montréal. Entre 1976 et 1981, il participe à trois spectacles de Paul et Paul (avec Jacques Grisé et Serge Thériault). En 1979, il sera co-auteur de *Broue* avec Francine Ruel, Louis Saia et Jean-Pierre Plante; co-auteur aussi, avec Louis Saia, de *Voyage de nuit*, film de fiction dramatique de 26 minutes réalisé par Roger Frappier. En 1980, c'est au tour d'*Appelez-moi Stéphane*, dont nous reproduisons le texte dans ces pages, et des *Voisins*, pièce commandée par la Compagnie Jean Duceppe.

Louis SAIA

Louis Saia a écrit pour le théâtre, en collaboration avec Louise Roy, *Une amie d'enfance*, *Ida Lachance*, *Bachelor* (avec la participation de Michel Rivard), *le Kud de Kildare* (avec la collaboration de Francine Saia) et, pour le cinéma, le scénario de *Une amie d'enfance*, film réalisé par Francis Mankievich.

En collaboration avec Claude Meunier, il a écrit *Appelez-moi Stéphane*, *les Voisins* et le scénario de *Voyage de nuit*, court métrage de fiction, réalisé par Roger Frappier.

Il a aussi écrit des textes pour le collage de sketches de *Broue*. Louis Saia a fait la mise en scène de *Une amie d'enfance*, *Ida Lachance*, *Bachelor*, *le Kud de Kildare*, *Appelez-moi Stéphane* et *les Voisins*.

1

La scène s'ouvre sur un décor de scène de théâtre de centre culturel. On peut voir de vieux décors, un piano, des praticables, des chaises et des tables qui traînent éparpillés, etc. Sur une pancarte c'est écrit : «COURS DE THÉÂTRE» et il y a une flèche indiquant les coulisses. Trois ou quatre tables de cafeteria sont alignées avec des chaises autour. Une inscription est collée sur le côté d'une chaise : «COURS DE THÉÂTRE». On entend des voix en coulisses, Gilberte et Jacqueline entrent sur scène impressionnées par les lieux, regardant autour d'elles.

GILBERTE

Eh môman, c'est grand icitte !

JACQUELINE

Hey, c'est la première fois que je foule une scène.

Gilberte s'approche complètement à l'avant-scène et crie dans la salle.

GILBERTE

Allô... Allô...

JACQUELINE

Là j'comprends qu'est-ce que c'est qu'être acteur. Je l'sais pas qu'est-cé qu'on va 'i dire, hein ?

11

GILBERTE

Bah! C't'à lui à nous dire quèque chose... c'pas à nous autres, c'est lui qui donne le cours de théâtre.

JACQUELINE

Je l'sais pas si i' va nous faire acter tout d'suite, hein? J'sais pas quoi faire, moi...

GILBERTE

Penses-tu je l'sais, moi?... En tout cas, j'le replace pas encore, lui...

JACQUELINE

Ben oui... t'sais celui qui chante avec le jambon dans l'annonce de bœuf...

GILBERTE

Celui qui prend sa douche avec le savon qui rend d'bonne humeur, là?

JACQUELINE

Non, non, chus sûre que tu l'as déjà vu... i' est grand, i' est à télévision... Où t'aurais pu l'voir, donc?

Gilberte aperçoit Réjean qui entre dans le local.

GILBERTE

Ah c'est lui ça!... J'le reconnais, c'est le p'tit laid qui prenait de la drogue dans *Quelle famille!*

JACQUELINE

Ben non, c'est pas lui, c'est le p'tit caissier qui est ben lent à la Caisse populaire.

RÉJEAN

Bonjour... est-ce que je suis bien ici... pour le théâtre.

JACQUELINE

Pardon?

RÉJEAN

Le théâtre, là, j'veux dire pour le cours, c'est ici qu'on le suit?

GILBERTE

Oui, oui, c'est ça... vous aussi vous êtes inscrit?

RÉJEAN

Ç'a l'air... *(Sourire gêné.)*

JACQUELINE

Est-ce que c'est la première fois que vous allez jouer?

RÉJEAN

J'comprends... en tout cas, eh... c'est hen?...

GILBERTE

Pour moi, i' doit pas faire d'annonces de montre souvent lui, i' est huit heures et cinq. Pour moi, ça va tomber à l'eau ce cours-là. Que c'est tu veux, le théâtre, le monde regarde ça à télévision.

Jean-Guy entre. Il pianote en passant et se dirige vers les autres.

JEAN-GUY

Bonsoir le monde. C'est ben ici le département des vedettes? *(À Jacqueline.)* Vous seriez pas Elizabeth Taylor, vous?

13

JACQUELINE
Pas encore, non... r'marquez que ça serait un beau compliment à me faire. I' paraît qu'est assez fine dans vie...

JEAN-GUY
Moi, pour l'instant, j'm'appelle encore Jean-Guy Poupart, un des six millions... vous avez peut-être entendu parler d'moi dans le comté ou vous m'avez peut-être déjà vu chez vous. J'ai fait beaucoup de porte à porte, aux dernières élections, pour le parti...

GILBERTE
Quel parti?

JEAN-GUY
Ben voyons, c'est pas une question ça! Le Parti avec un grand *P* pis un grand René, le seul parti qui est capable de vous mettre au monde, madame.

GILBERTE
J't'assez née de même, merci!

JEAN-GUY
C'est pas toute d'être née, madame, faut couper le cordon à un moment donné.

GILBERTE, à *voix basse* à *Jacqueline*
Penses-tu que c'est lui?

STÉPHANE, *qui entre en souriant*
Oui, c'est lui... Stéphane Sylvain, acteur, mime et création collective.

GILBERTE
Ah, là, j'vous replace! J'vous ai vu dans une annonce de barre de chocolat; vous faisiez le raisin...

STÉPHANE

Une noix, madame, une noix...

GILBERTE

Vous étiez bon là-dedans...

STÉPHANE

Merci.

JEAN-GUY

Mais est-ce que vous jouez dans un commer-
cial, actuellement?

STÉPHANE

Pas pour le moment, non, ch't'un peu sabbati-
que de c'côté-là...

RÉJEAN

Mais euh... au théâtre est-ce que... ça vous est
arrivé de jouer des rôles?

STÉPHANE

Oui. J'ai joué beaucoup de rôles de répertoire
et masculins...

JACQUELINE

Mais vous, face au théâtre, là, est-ce que vous
pensez que le théâtre québécois mérite d'être joué
ou si vous abondez plus pour une chose, là, un
Feydeau, un boulevard de mœurs, parce que c'est
un problème, le joual au théâtre, y a d'la mentalité
culturelle là-dedans quand même. J'aime beaucoup
le débat là-dessus.

STÉPHANE

Moi, le joual, j'pense que c't'un mot. Faut pas
en faire une religion, mais i' en reste pas moins

qu'une paire de claques c't'une paire de claques, c'est pas un couvre-par-dessus.

JEAN-GUY

M'a dire comme c'te gars, c'est mieux de parler comme un vidangeur que de parler comme un pet de sœur. *(Ne voyant aucune réaction.)*... 'scusez-la...

Louison arrive tout excitée.

LOUISON

Ah, s'cusez, ch't'en retard. J'avais une maille dans mes bas-culottes. J'en trouvais pas nulle part. I' a fallu que j'fasse trois pharmacies. En tout cas... *(Regardant Stéphane.)* Ah! c'est vous le professeur? J'vous ai vu dans l'annonce du gars qui a le nez plein pis que ça 'i donne mal à tête... vous faisiez assez pitié là-d'dans. En tout cas, moi j'vous avertis tout de suite, chus pas ben bonne.

STÉPHANE

Y a personne qui est bon au début. Molière, Marlon Brando, Fernandel c'tait trois pourris, ça, au début; moi j'étais comme eux autres; regardez-les aujourd'hui. *(Il regarde sa montre.)* Ouais, i' est déjà et quart. Y a pu l'air d'avoir d'autre monde qui va venir... On va commencer. Alors, la première chose que j'vous demanderais, c'est de vous asseoir.

RÉJEAN

Où?

STÉPHANE

C'est libre... alors pour résumer mon nom, c'est Stéphane Sylvain... J'suis comédien au niveau professionnel et on peut également m'employer pour faire du mime ou de la création collective. J'ai faitte sept ans d'art oratoire au Conservatoire Lasalle, deux ans d'art dramatique avec Madame Gariepy... Euh... j'ai suivi des cours de chant accélérés pendant six semaines avec Roméo Dubois. J'ai participé à un stage d'été d'expression corporelle sous Michel Conte. Mais, là, j'voudrais que vous oubliez toute c'que j'viens de vous dire pis que vous vous disiez que c'est pas une vedette qui est devant vous autres, mais que c'est un gars comme toi pis comme elle... *(Il pointe Réjean puis Louison du doigt.)* Bon! pour ce qui est du cours comme tel euh... c'est moi qui vas le donner... La seule chose que je vous demande quand vous allez venir au cours, c'est que quand vous rentrez ici vous rentrez au complet. La tête avec, vous laissez pas votre tête à maison, c'est clair ça. Hein?... Non mais c'est important c'que j'dis. Maintenant, j'vous avertis tout de suite, au début ça sera pas facile c'que j'vas vous demander. J'vous l'dis d'avance, j'vas vous casser comme j'me suis fait casser moi-même...

GILBERTE
Qu'est-cé que vous voulez dire par là?

STÉPHANE
J'veux pas dire que j'vas vous casser les bras ou les jambes. Ça, ça m'intéresse pas. C'est pas du théâtre polonais qu'on fait. Vous casser, c'est vous démouler. *(Il pointe Louison.)* Mettons que toi t'es pognée dans un pain, O.K.? Bon ben la pâte que t'es, là, on va la prendre pis qu'est-cé qu'on va faire avec, hein?

LOUISON
Des cours de diction?

STÉPHANE

Non, on va la ramollir pis on va pouvoir faire des petits gâteaux avec toi, deux au chocolat, trois aux fraises; avec le restant on va faire de la pizza, un p'tit pain aux bananes pis une bonne grosse tarte au sucre.

LOUISON, *en riant*

Arrêtez, vous me donnez la faim!

STÉPHANE

Non, mais, tu comprends-tu? C't'une image, mon exemple!

JEAN-GUY, *avec le sourire*

Autrement dit, c'que vous nous dites, c'est qu'on est peut-être tarte mais y a moyen de faire des gâteaux avec nous autres.

STÉPHANE, *blagueur*

Écoute, je l'sais pas si t'es tarte, moi...

JEAN-GUY

Chus pas tarte, chus beigne.

STÉPHANE

Ah bon! À date, j'vous ai parlé du côté *(Riant.)* cuisine, finalement, du théâtre, de ce que les gens voient pas... mais y a une affaire que j'vous ai jamais dit, c'est que acter ça va augmenter votre personnalité pis là-dessus j'peux vous dire juste une chose: dans trois mois, vous vous ennuierez pas de ce que vous êtes aujourd'hui. Ce qui compte, finalement, c'est le changement que vous allez être après. Maintenant, j'vas vous demander juste une affaire: votre nom pis pourquoi, pourquoi vous êtes ici. Est-ce que tout le monde est à l'aise, là?

Les gens répondent «oui, oui». Ils ont l'air surpris.

STÉPHANE
O.K. Parce que sinon faut le dire. *(Il pointe Louison du doigt en regardant à l'opposé.)* Bon! toi, c'est quoi ton nom, les autres s'il vous plaît... *(Regardant Louison.)* Vas-y...

LOUISON
Bon ben, bonjour tout le monde; je suis Louison Doré et je travaille comme réceptionniste dans un bureau de dentiste. Maintenant, le selon pourquoi que je suis ici, c'est que les cours de ballet-jazz n'avaient plus de place et que, d'après moi, le théâtre ça revient au même pour se raffermir... la personnalité. Pour ce qui est de mon côté actrice, j'aimerais faire des rôles de femmes ou de maîtresses, non pas de maison mais de mari... Alors, je pense que c'est ça et j'espère que je n'ai rien oublié. Bonne soirée tout le monde.

STÉPHANE
C'est très bien Louison, j'pense que tu t'es exprimée. Ça va aller.

LOUISON
Merci.

STÉPHANE, *pointant Gilberte*
À votre tour, madame...

GILBERTE
Bon ben, moi, chus madame Roger Grenon; mon mari travaille comme propriétaire d'un magasin de meubles pis euh... j'ai entendu parler du cours en

regardant l'affiche pour le cours de décapage pis en m'en faisant parler par ma voisine Jacqueline, ici. Euh... J'sais pu pourquoi je suis venue mais, d'après moi, je suis pas gênée... pis j'ai pas besoin du théâtre pour me sortir de ma coquille, euh en party je suis très folle... Le théâtre, pour moi, c'est un peu comme *les Tannants*, c'est de la détente et euh... j'me rappelle pu c'que j'voulais dire, là...

STÉPHANE

Très bien... mais si vous étiez une actrice, là — comment je dirais ça — c'est qui que vous seriez?...

GILBERTE

Ben, au niveau physique, j'aimerais ça être belle comme Louise Marleau avec les yeux un peu moins grands, par exemple. Mais, au niveau du talent, j'aimerais mieux avoir celui de la Poune, par exemple ou, dans le sérieux, celui de Suzanne Lapointe.

STÉPHANE

Merci... euh... c'est quoi ton nom?

GILBERTE

Gilberte.

STÉPHANE

Merci.

GILBERTE

De rien. Euh... on peut-tu vous appeler Stéphane?

STÉPHANE

J'me suis toujours faitte appeler comme ça, madame; d'ailleurs, j'dis toujours à mon monde: «Appelez-moi Stéphane.» Bon, si on allait du côté des hommes un peu. *(Il pointe Jean-Guy.)* Toi là. Qu'est-cé que t'es venu faire ici, à soir?

JEAN-GUY

Ahhh... euh... j'étais venu pour signer des autographes mais y a pas grand monde qui m'en ont d'mandé à date...

STÉPHANE, *en riant*

Ah! Ah! J'gage que t'es venu ici pour faire de la comédie, toi, hein? T'es drôle, je l'sais pas si on te l'a déjà dit, mais t'es drôle, hein...

JEAN-GUY

Bah... Y en a des pires... je trouve que la vie mérite qu'on rie d'elle... Parce que si on rit pas, on est aussi ben de brailler, non mais c'est vrai, tout est pourri... on est pas dans la civilisation du loisir, on est dans la civilisation du moisir. Juste regarder Ryan deux minutes, t'as besoin de deux semaines de vacances après. Qu'est-ce que tu veux, le monde se prend encore pour un p'tit pain, i' sont ben prêts à dire oui mais d'abord qu'i' peuvent dire non avant... Après ça, i' se demandent pourquoi y a pas de jambon dans leur sandwich au baloney.

STÉPHANE

Hum, hum, ça fait que toi, ça serait plutôt un spectacle comique mais pas nécessairement pour faire rire...

JEAN-GUY

Comme Yvon Deschamps... faire des farces mais pas juste des farces drôles...

STÉPHANE

Hum, hum, pis c'est qui qui nous dit ça?

21

JEAN-GUY

Comment ça, c'est qui?

STÉPHANE

Ben, on sait pas encore ton nom.

JEAN-GUY

Ah! C'est Jean-Guy Poupart.

STÉPHANE

Pis qu'est-ce qui fait dans vie, Jean-Guy Poupart?

JEAN-GUY

I' travaille au bureau des licences.

STÉPHANE

Comme quoi?

JEAN-GUY

Comme ben d'autres... *(Silence.)*

STÉPHANE

C'est-à-dire...

JEAN-GUY

... comme comptoir.

STÉPHANE

Merci Jean-Guy... Alors on voit que... y a différentes personnes quand même dans le groupe, j'aime ça... j'aime ça... i' nous reste encore à découvrir...

RÉJEAN

Moi, j'suis Réjean Bourque.

STÉPHANE, *s'adressant à Réjean*

S'il vous plaît... *(Au monde, en se levant.)* J'espère que vous réalisez toutte que c'est important c'qu'on fait actuellement.

Les gens font «hum, hum» en acquiesçant.

STÉPHANE

Non, mais c'est facile de dire oui, le réalisez-vous, oui ou non?

Les gens répondent: «oui».

STÉPHANE, *se rassoyant*

Réjean, tu peux continuer où t'étais rendu...

RÉJEAN

Ben, j'étais rendu à dire que j'étais Réjean Bourque... mon travail... me permet d'être caissier de banque... pour être franc, si je suis venu c'est que je suis comme gêné sur le plan humain, que... j'aimerais changer de personnalité et je pense que le théâtre est un de mes meilleurs moyens. Malheureusement, je suis pas le genre à avoir des idées mais j'aimerais beaucoup être un petit rôle de détective ou d'extra-terrestre.

STÉPHANE

Pis quel âge qu'i' a notre futur Martien?

Les gens rient. Réjean aussi.

RÉJEAN

Pour le moment... 23 ans.

STÉPHANE

Merci Réjean. *(Blagueur.)* Si on revenait sur la terre un peu. *(À Jacqueline.)* Mademoiselle...

JACQUELINE, *flattée*

Madame !

STÉPHANE

Ah bon !

JACQUELINE

Oui, enfin, madame... c't'une façon de parler. Pour moi, c'est plus un titre que d'autre chose. Remarquez, ça m'empêche pas d'être mariée à un comptable qui me fait bien vivre, mais j'pense qui faut sortir du vieux tabou que le rôle de la femme c'est juste dans le foyer. Maintenant, la femme est pas juste associée à une balayeuse. Elle a le droit de faire de l'autonomie et d'avoir des idées qui sont propres ; en tout cas, moi, c'est c'que j'pense.

STÉPHANE

Donc, c'est en tant que femme que vous êtes ici...

JACQUELINE

D'une certaine façon oui, mais surtout parce que le théâtre va me permettre de crever l'abcès de farfelu et d'art et lettres que j'ai en moi... et mon nom est Jacqueline Dugas.

STÉPHANE

Ouais, c'est pas le talent pis les idées qui manquent ; évidemment y a des petits problèmes de diction...

GILBERTE et LOUISON

Quoi ?

STÉPHANE

J'ai dit y a des petits problèmes de diction.

Euh... maintenant i' est pas question qu'on monte sept pièces différentes, de toute façon on est juste cinq... j'pense que la meilleure solution, c'est celle que j'ai toujours trouvée à date: C'est qu'à partir de ce que vous êtes pis de vos petites histoires, on va écrire une pièce en essayant de rendre ça intéressant dans la mesure du possible.

RÉJEAN

Maintenant... combien de fois on va la jouer... la pièce?

STÉPHANE

Normalement, si tout se passe bien, une fois au moins, mais euh... si la pièce est bonne, on sait jamais...

LOUISON

Comment ça jamais?

STÉPHANE

Bah!... J'me suis occupé de troupes de théâtre qui avaient l'air ben moins bons que vous autres au début, pis ces troupes-là, ben y en a qu'ont fini dans des festivals d'été... Ben alors, pour commencer, on va travailler un peu la base, la grosse base platte du théâtre, j'ai nommé la diction. Alors, on va essayer de vous enlever la patate chaude que vous avez dans la bouche.

JEAN-GUY

Faites «cha» vite, «cha» brûle.

STÉPHANE

T'as pas besoin de te forcer pour parler mal, Jean-Guy, tu l'as très bien naturel. On va donner un petit exemple: «Ton thé t'a-t-il ôté ta toux?» Ça c'est une phrase type. Y a-tu quelqu'un qui veut l'essayer.

JEAN-GUY

Certainement. Tony t'a-t-il ôté ton tatou?

STÉPHANE

Parfait Jean-Guy, sauf que tu l'as pas du tout. Un peu jeune de caractère, Jean-Guy?

JEAN-GUY

Un p'tit peu.

STÉPHANE

O.K., on va essayer un autre exemple: «Jésus soupa chez Zachée, Zachée soupa chez Jésus.» Réjean, qu'est-ce tu dirais de nous dire ça?

RÉJEAN

Jesus choupa chez Zabé, Zassé choupa cé Jéju (Zébu).

STÉPHANE

Pour moi Jésus aurait dû aller dîner chez Za-chée.

RÉJEAN

Ou déjeuner!...

Les autres rient.

JEAN-GUY

Hey, j'pense je l'ai moi.

STÉPHANE

Ben garde-lé. Bon, on voit que la diction on vient pas au monde avec, hein?... On reviendra là-dessus, c'est juste une question d'aperçu...

STÉPHANE

Maintenant, on va passer à l'intention. C'est quoi l'intention?

JEAN-GUY

C'est ça qui compte...

STÉPHANE

S'il vous plaît, Jean-Guy... L'intention, c'est ça qui fait que dans une pièce quand un acteur dit: «J'ai faim», tout le monde dans la salle a le goût d'i payer un hot-dog. C't'une exemple. On va en prendre un autre: «Ça c'est Ford!» O.K.? Ç'a l'air facile comme ça... mais si vous dites «Ça c'est Ford!» comme si vous disiez «ça c'est du beurre», ben le monde i' vont acheter de la margarine à place. C't'une image, O.K.? Bon on va pratiquer. Louison, «Ça c'est Ford!»

LOUISON, *exaltée*

Ça c'est Forrrd!

STÉPHANE

Voyons donc, Louison, c'est pas ton fiancé, c't'un camion. On va demander à Gilberte.

GILBERTE, *genre diguidou*

Ça c'est Ford! ça c'est Ford! ça c'est Ford!

STÉPHANE

C'est pas assez convaincu. On dirait que ça te fait rien que ce soit un Ford. Regardez ben là. Ça *(Il donne un coup de poing silencieux sur la table.)* c'est Ford! Envoye Réjean...

27

RÉJEAN

Ça *(Il donne un coup de poing qui ébranle les tables. Tout le monde sursaute.)* c'est Ford!

JEAN-GUY

Fais attention, t'es après défoncer le hood.

STÉPHANE

Ouan, y avait de la conviction, sauf que c'est pas un film d'horreur qu'on fait. *(À tous.)* Une chance qu'on tourne pas l'annonce à soir, hein?

LOUISON

Non certain.

STÉPHANE

L'expression maintenant, autrement dit c'qui fait que la face d'un comédien change d'air.

Stéphane change d'air et feint une douleur au ventre en prenant un air triste et en laissant échapper un petit cri.

Voyons...

GILBERTE

L'a pas l'air à filer.

LOUISON

Qu'est-ce qu'i' y a, monsieur?

STÉPHANE, *se relevant en souriant*

Rien. Vous avez vu. Un acteur qui a le tour avec son expression, i' est capable de faire lever un docteur dans la salle.

GILBERTE

Vous devez être épeurant, vous, quand vous voulez!

STÉPHANE

Toi aussi, tu pourrais être épeurante si tu voulais. Pis ben plus facilement que tu penses. Alors, comme vous voyez, y a pas mal de marches avant d'être au bout de l'escalier. Mais dites-vous que je suis là pour faire la rampe. Bon, en terminant, je vous encourage à pratiquer ce qu'on a vu ce soir. Ah oui, pour le prochain cours, ce serait peut-être intéressant que vous soyez pas habillés comme ce soir.

LOUISON

C'est ben sûr!

STÉPHANE

Non, c'que j'veux dire c'est que, étant donné ce qu'on va faire, ce serait mieux de vous habiller décontracté. J'conseille toujours le port du collant mais d'abord que vous êtes à l'aise dans vos mouvements. Alors, j'pense que c'est tout. Ah oui, un petit détail à propos de l'ambiance du cours. J'pense qu'on est assez franc pour se parler. Prends pas ça mal, Jean-Guy, ça s'adresse aux autres aussi. Y a rien que j'aime mieux qu'une bonne farce, mais i' faut savoir quand la faire. J'pense qu'une bonne farce bien placée ça vaut au moins dix farces plattes.

JEAN-GUY

J'faisais ça pour détendre l'atmosphère.

STÉPHANE

J'pense que tu comprends ce que je veux dire.

29

JEAN-GUY

Ah oui oui! Deux, trois farces par heure, mettons?

STÉPHANE

Si l'ambiance n'a besoin. Mais vous êtes ben
l'fun en tout cas. O.K. tout l'monde?

RÉJEAN, s'adressant à Stéphane

Bonsoir... j'm'en vas... pis heu... en tout cas.

STÉPHANE

Ben correct. Ciaò Réjean!

RÉJEAN

Vous aussi. J'vas revenir.

STÉPHANE

Ben j'espère.

Réjean sort en s'enfargeant dans sa chaise puis
dans les praticables. Stéphane et Jean-Guy qui
s'approche le regardent sortir.

JEAN-GUY

Moi, j'vas revenir dans cinq minutes... non
mais, farce à part, j'ai ben aimé ça...

STÉPHANE

J't'ai pas dit d'arrêter de faire des farces?...

JEAN-GUY

Anyway, j'pas capable.

STÉPHANE

Salut!

JEAN-GUY

Salut ben!

LOUISON, *prenant Stéphane à part*

Excusez-moi d'être ambiguë... mais eh... est-ce qu'y a des rôles intéressants pour les tailles fortes au théâtre?

STÉPHANE

Le répertoire est assez large quand même. Prends Molière, ça devait peser 180, 185 livres ce gars-là. L'avare, c'était pas un chicot, t'sais.

LOUISON

C'est pas que je veux faire des rôles de chicot, mais une jeune première, c'est rare que c'est pesant, me semble...

STÉPHANE

Une jeune première, c'est autour de 120, 125 gros maximum.

LOUISON, *déçue*

Ouan...

STÉPHANE

Mais toi, t'as l'air légère pour ton poids quand même.

JACQUELINE

Moi, j'aimerais vous demander quèque chose... Quand vous allez nous casser en deux, là.

STÉPHANE

Ça peut être en trois aussi.

JACQUELINE

Ce que je veux dire par là, est-ce que c'est exigeant émotivement de se faire casser comme ça?

STÉPHANE

C'est exigeant, mais ça vaut la chandelle.

JACQUELINE

Ah! j'dis pas le contraire... C'est juste que moi j'ai suivi des cours de yoga, pis ça aussi ça concerne un peu la personnalité, j'pense...

STÉPHANE

Oui, mais le yoga c'est pas du tout comme le théâtre. Le yoga c'est beaucoup plus se regarder le nombril, tandis que le théâtre c'est beaucoup plus regarder ce qu'il y a derrière le nombril.

LOUISON

Est-ce que ce serait indiscret de vous demander quelque chose?

STÉPHANE

Non, non.

LOUISON

Est-ce que vous êtes marié dans la vie privée?

STÉPHANE

Disons que la seule femme actuellement dans ma vie, c'est les planches.

LOUISON

Comme ça, vous êtes libre?

STÉPHANE, *blagueur*

Libre de choisir, oui...

Les femmes rient, excitées.

GILBERTE
Vous devez être un beau, vous...

STÉPHANE, *blagueur*
Ça dépend des goûts.

Les femmes rient, gênées et excitées à la fois.

2

Réjean, en bermuda et t-shirt, pianote la Bohème. Gilberte, en pantalon de ski, et Louison, portant un léotard de couleur pâle et des bas-culottes, arrivent des coulisses.

LOUISON
Ton thé t'a-t-il ôté ta toux ?

GILBERTE
Oui, mon thé t'a t'il ôté ta toux.

LOUISON
On l'a ben, hein ?

GILBERTE
Pas pire, pas pire.

Louison se dirige vers Réjean quand Jean-Guy, vêtu du même pantalon et d'un t-shirt blanc imprimé d'une fleur de lys, entre.

RÉJEAN
Hey Jean-Guy !

JEAN-GUY
Quoi ?

RÉJEAN, *essayant d'imiter Stéphane*
Ça c'est Ford !

JEAN-GUY
Non. *(En donnant un coup de poing.)* Ça c'est Ford!

Jacqueline arrive de la coulisse, habillée en danseuse de ballet très coquette. Elle passe devant Jean-Guy et entre dans la classe.

JEAN-GUY
Eh monsieur! T'en viens-tu faire la casse-noisette? T'as l'air d'un grand ballet canadien.

GILBERTE
C'est vrai que t'as l'air de ça. T'es ben belle...

LOUISON
Eh gosh, i' est pas à pied ton maillot. Ça te fait ben, des bretelles.

JACQUELINE
Tu trouves?

Stéphane entre, suivi de Réjean.

RÉJEAN
Monsieur Stéphane!

STÉPHANE
Oui? *(Réjean fait semblant d'avoir mal au ventre mais le joue très gros.)* Formidable!

Jean-Guy s'approche de Réjean et l'indique.

JEAN-GUY
Ça c'est Ford!

STÉPHANE
Oui, mais les chemises de l'archiduchesse sont-elles sèches archi sèches?

JEAN-GUY
Ah! ça, je l'sais pas encore.

GILBERTE, *montrant son pantalon*
Est-ce que j'chus assez à l'aise là-dedans?

STÉPHANE
J'pense que oui. *(Il touche au pantalon.)* C'est stretché, mais ça s'étire.

JEAN-GUY
I' te manque juste le T-Bar.

GILBERTE
Tu peux ben parler toé Jean-Guy... T'as l'air de... t'as l'air de... en tout cas... T'sais veux dire...

Stéphane se déshabille. Le monde l'observe. Il est en léotard et en collant avec un cache-sexe de danseur de ballet.

JEAN-GUY
Ouen, j'savais pas que c'tait toi qui faisais Spiderman.

STÉPHANE
Y a ben des affaires que tu sais pas encore Jean-Guy. O.K. Les gars, enlevez donc les tables. Tout le monde est en forme?

Tout le monde répond «oui».

JACQUELINE

Est-ce que je peux annoncer une bonne nouvelle?

STÉPHANE

Quoi?

JACQUELINE

Awaie vas-y, Gilberte...

GILBERTE

Ben, pour la pièce, mon mari est game pour
nous passer tous les meubles qu'on aura besoin. Pis
dans n'importe quel style que la pièce soit québé-
coise, espagnole, moderne ou scandinave, ça
change rien. *(Elle va s'asseoir.)*

STÉPHANE

C'est bon à savoir. Les gars, allez donc chercher
le grand praticable qui est côté cour, là.

GILBERTE

Ça vous dérange pas si j'ai déjà eu une hernie,
Stéphane?

STÉPHANE

Non, non, pas d'problème.

*Tout le monde s'affaire à placer les praticables,
excepté Gilberte qui s'est assise.*

STÉPHANE

Bon! Aujourd'hui on va mettre le gros paquet
pis j'veux que tout le monde rentre dedans, hein; on
va commencer par se réchauffer, les idées vont
mieux circuler après. O.K. Tout le monde debout.

Louison enlève son gilet.

LOUISON
Brrr... c'est frisquet, moé qui est forte sur la chair de poule.

STÉPHANE
Tu vas voir que la petite poule a va pondre de la sueur t'à l'heure. Bon, mettez-vous en queue leu leu là. *(À Réjean qui ne sait où se mettre :)* Un en arrière de l'autre! Vous allez marcher en rond pis quand j'vas vous l'dire vous allez plier vos jambes.

Stéphane se met en avant de la filée.

STÉPHANE
Calculez un bras dans le dos de l'autre.

Jean-Guy monte sur une chaise pour farcer. Stéphane le regarde pour le remettre à l'ordre.

STÉPHANE
O.K. On part. Ça c'est Ford! Ça c'est Ford!

LE MONDE
Quoi?

STÉPHANE
On répète en marchant : « Ça c'est Ford! » On y va.

LE MONDE
Ça c'est Ford!

STÉPHANE
On prononce bien. On descend, ça c'est Ford!

LE MONDE

Ça c'est Ford!

Stéphane sort du rang et monte sur le grand praticable central.

STÉPHANE

Plus fort pis plus bas. De l'intention, de l'intention!

LE MONDE

Ça c'est Ford!

STÉPHANE

J't'entends pas, Louison.

LOUISON, *souffrant en forçant*

C'est Ford!

STÉPHANE

On baisse encore. Gilberte, sers-toi pas de tes bras, t'es pas singe; ça c'est Ford!

LE MONDE

Ça c'est Ford!

STÉPHANE

Souriez, vous êtes à télévision.

Louison tombe par terre.

LOUISON

J'viens de tomber, qu'est-ce que j'fais?

STÉPHANE, *lui faisant signe de se relever*

Ça c'est Ford!

LE MONDE, *n'en pouvant plus*
Ça c'est Ford!

STÉPHANE
O.K. Plus vite! Ça c'est Ford! Ça c'est Ford!

LE MONDE
Ça c'est Ford! Ça c'est Ford!

STÉPHANE
De la force, Jean-Guy, articulez, souriez, mettez de l'intention.

Louison et Gilberte sont pratiquement rendues à quatre pattes. Jacqueline réussit mieux. Jean-Guy triche beaucoup quand Stéphane ne le voit pas. Réjean a complètement embarqué dans le jeu.

STÉPHANE
O.K., parfait; repos, tout le monde.

Stéphane va arrêter Réjean.

JEAN-GUY
Faut être en forme pour faire une annonce de Ford.

GILBERTE
Ah! chus morte; j'ai les jambes à terre.

LOUISON
Moi, c'est pareil; j'ai les jambes défigurées.

STÉPHANE
O.K. Vous pouvez vous asseoir. On va con-

tinuer à battre le fer pendant qu'i' est chaud, mais là on va se servir de notre tête par exemple. On va faire ce que j'appelle de l'improvisation ; j'vas vous donner un thème que j'vais choisir au hasard, pis à partir de là j'vas nommer un couple qui va aller me l'mimer en paroles. O.K. ? Alors, Gilberte.

GILBERTE
Oui ?

STÉPHANE
T'as 18 ans, t'es une très grande danseuse de ballet.

GILBERTE
Chus meilleure pour passer le balai que pour le danser.

STÉPHANE
C'est pas grave. T'as 18 ans, tu danses comme une fée, pis tu viens de gagner une bourse pour aller étudier à... Prague. Mais le problème, c'est que tu es amoureuse d'un jeune étudiant en géographie, c'est-à-dire Jean-Guy, et pis i' faut que tu 'i annonces que vous allez être obligés de vous séparer...

JEAN-GUY
Arrêtez, m'a brailler.

STÉPHANE
O.K. Jean-Guy ! Ça fait que Gilberte tu t'mets là. (Elle monte sur le grand praticable.) T'es dans ton salon pis t'attends que Jean-Guy arrive. O.K. Allez-y. Vas-y Gilberte, commence à l'attendre.

GILBERTE
Oui, mais, qu'est-ce que j'fais pour l'attendre ?

STÉPHANE

T'es une danseuse de ballet, attends comme une danseuse de ballet.

Gilberte fait de petits pas.

GILBERTE, *chantonnant*

La la la. Me semble que j'ai l'air niaiseuse?

STÉPHANE

Non, non, tu l'as, continue. C'est intéressant.

GILBERTE

La la la, y arrive-tu, là?

STÉPHANE

Oui, oui, i' s'en vient. Continue, ça va bien.

GILBERTE, *continuant de chantonner*

La la la, i' s'en vient. Qu'est-ce que j'vas 'i dire, donc?

JEAN-GUY

Toc, toc, toc.

STÉPHANE

Rentrez.

JEAN-GUY

Salut mon tutu, comment i' vont tes jambes aujourd'hui?

GILBERTE

Ah! mon amour, c'est affreux; j'ai appris une nouvelle affreuse. J'ai tellement peur de te l'annoncer.

JEAN-GUY

Voyons donc, j'te casserai pas les deux jambes.

GILBERTE

J'ai gagné une bourse.

JEAN-GUY

Oh non, moi qui voulais t'en acheter une pour Noël...

GILBERTE *regarde Stéphane et continue*

Non pas une bourse pour femme, une bourse pour Prague.

JEAN-GUY

Ah! Prague, capitale de la Tchécoslovaquie, avec ses trois millions d'habitants, pays réputé pour sa choucroute et son musée de dentiers.

GILBERTE

Oui mais, mon amour, si j'm'en vas, je vas être obligée de partir.

JEAN-GUY

Euh... probablement oui... Mais une fois rendue en Tchécoslovaquie, m'a dire comme c'te gars: tchèque-toi!

GILBERTE, *descendant du praticable*

Ah hey! I' a-tu l'droit de niaiser d'même. Parce que s'i' faut niaiser, moi aussi chus capable de niaiser.

STÉPHANE

C'est correct Gilberte, j'ai vu ce que je voulais voir pis j'allais l'dire, là; Jean-Guy, l'improvisation ça se fait à deux. J'trouve ça platte que tu tombes

dans facilité. N'importe qui peut glisser sur une pe-
lure de banane, si ta femme s'en irait en Tchécoslovaquie, tu 'i écraserais-tu une tarte à crème dans
face? Hein?

JEAN-GUY
Ben, j'pensais qu'on pouvait faire des jokes.
J'savais pas que c'tait triste, moé, une improvisation.

STÉPHANE
Écoute, Jean-Guy, fais-moi pas dire des niaiseries, O.K.? J'aime pas ça. De toute façon, tout ce que
je voulais voir c'est tes limites, pis disons que j'les ai
vues, c'est parfait. Gilberte, toi aussi j't'ai vue. Pis
laisse-moi te dire que ça commençait à grouiller.
T'aurais pu faire quelque chose.

GILBERTE
Merci.

STÉPHANE
Le seul problème, c'est que tu te servais pas
assez de ton ventre. Ça parle, un ventre.

JACQUELINE
Mais c'est dur parler du ventre.

STÉPHANE
C't'une question de technique, ça; ça s'ouvre
un ventre, pas besoin d'avoir une crise d'appendicite
pour ça. Assoyez-vous chacun sur une chaise, là.
Là on va se parler un p'tit peu entre la taille et les
épaules.

JEAN-GUY
Moi, j'vous avertis tout de suite, j'ai le ventre
dur d'oreille.

STÉPHANE

Fais-toi-z-en-pas, on va te l'enlever ta cire dans l'nombril. O.K. Tout le monde est assis. Laissez vos corps mous, oubliez vos os, là. Feelez guénilles. Fermez les yeux. C'est ça, Louison, oubliez vot' face... Laissez tomber vos bras par terre... Respirer agréable. Vos jambes s'en vont, vos orteils partent avec. Dites-leur bonjour.

LOUISON

Bonjour!

STÉPHANE

C'est ça... Y a plus rien dans vot'linge. Vous êtes ailleurs; c'est à peine si vous m'entendez. *(Il recule.)* Je suis loin loin loin. Vous flottez sur un nuage. Flotte plus Louison.

LOUISON, *plus molle*

Excusez.

STÉPHANE

On voit blanc.

GILBERTE

Moi, j'vois comme des pitons.

STÉPHANE

C'est ça le blanc. C'est des pitons. Respirez, là, je veux vous voir respirer. Vous êtes un gros poumon. *(Les respirations sont fortes.)* C'est de plus en plus blanc, pour d'autres, y a de plus en plus de pitons. Oups! Là on commence à descendre. On arrive sur le bord d'un lac, avec une belle plage... I' fait chaud, le soleil nous grille dans face. Ah...

Louison bouge la tête, Gilberte force comme

une folle, les yeux fermés. Jean-Guy observe les
autres du coin de l'œil.

STÉPHANE

C'est ça Louison. C'est beau. Continue, Jean-Guy, ça va venir.

JEAN-GUY

O.K.

STÉPHANE

Là eh... l' se passe quelque chose, hein? Que c'est qui s'passe, là? Pensez à ce qui vous tente. C'est l'été sur une plage? Pensez-y! À quoi tu penses, Gilberte?

GILBERTE

Ben, c'est bête à dire, mais j'vois mon mari qui fait cuire des steaks sur le barbecue.

STÉPHANE

C'est ben correct. Essaie de pogner l'odeur des steaks.

GILBERTE

J'essaye là. *(Elle force.)*

STÉPHANE

Les autres, continuez, profitez de la journée, i' fait beau.

LOUISON

J't'assez ben.

STÉPHANE

T'as l'air bien. Les autres aussi se sentent bien. À quoi tu penses, Jean-Guy?

JEAN-GUY

J'attends que les steaks soient prêts.

STÉPHANE

Concentre-toi plus Jean-Guy, ou sinon dérange pas les autres. Le soleil continue, on sent qu'i' arrêtera jamais. Es-tu en costume de bain, là, Jacqueline?

JACQUELINE

Eh je l'sais pas, là, si vous voulez...

STÉPHANE

I' est quelle couleur ton costume de bain, Jacqueline?

JACQUELINE

I' est imprimé bleu et mauve.

STÉPHANE

C'est-tu un deux-pièces, Jacqueline?

JACQUELINE

Non, c't'un-morceau. Mais i' est vieux, chus supposée d'en acheter un autre l'année prochaine.

STÉPHANE

O.K.! O.K.! On va aller plus loin tout le monde. On va augmenter la température. Là i' fait chaud. J'veux que tout l'monde ait chaud, là. On est l'été... l'eau fait bonne à entendre. On sent les rayons de soleil qui nous caressent le ventre... le ventre. C'est comme des mains que les doigts bougent sur nous autres. Eh qu'i' sont bonnes ces mains-là! Des vrais massages. Les mains rentrent n'importe où. Oh oh oh boy! J'aimerais ça être avec vous autres. Sentez-les, ces mains-là. Laissez-les faire. C'est ça, Louison, t'es capable. Vous réalisez même pu; vous êtes juste des ventres, des ventres chauds avec des envies d'été dedans. On est juste une grosse envie. Que c'est que tu sens dans ton ventre, Louison? Que c'est que t'as dans ton costume de bain?

LOUISON

J'ai des fesses, j'ai des fesses.

STÉPHANE

Redis-le.

LOUISON

Ben, je lé dis.

STÉPHANE

O.K. Réjean, Louison a des fesses; toi Réjean, toi mon beau Réjean, c'est quoi que t'as, c'est quoi ta grosse envie. C'est quoi qu't'as dans ton costume de bain, hein?

RÉJEAN

C't'une affaire qui se dit pas.

STÉPHANE

Dis-lé Réjean. T'as besoin de l'dire.

RÉJEAN, forçant

J'ai, j'ai...

STÉPHANE

T'as quoi? Accouche!

RÉJEAN, forçant, mais faiblement

J'ai un pénis...

STÉPHANE

C'est ça. C'est ça qu'i' faut dire. Dis-lé plus fort.

RÉJEAN, *forçant*
J'ai un pénis, j'ai un pénis, bonyenne.

STÉPHANE
O.K. O.K. Ça c'est du libido.

Jean-Guy ouvre les yeux et ne peut s'empêcher de sourire.

STÉPHANE
Jean-Guy. Pis toi, Gilberte, où c'est que t'es rendue, là?

GILBERTE
J't'encore dans mes pitons. Mais j'me sens drôle, on dirait que ça va vite vite pis que chus petite petite. J'sens beaucoup de nerfs.

STÉPHANE
Parle-moi de ça, c'est bon. C'est de la tension qui sort, ça. Comment qu'i' va ton pénis, mon Réjean?

RÉJEAN
Je l'sens moins que t'à l'heure.

LOUISON
Moi si, mes fesses, j'les ai moins.

STÉPHANE
O.K. Pis toi, Jacqueline, à quoi tu penses? À quoi ça pense une tête comme la tienne?

JACQUELINE
J'pense à tout ça, là.

STÉPHANE

Parfait, ça, Jacqueline. O.K. On redevient chacun nous autres, l'été achève. On se rhabille chacun sur notre chaise. À mon signal, on ouvre les yeux. On est arrivé. Tout le monde a faitte un beau voyage.

JEAN-GUY

Moi, un peu plus, j'pognais un coup de soleil.

STÉPHANE

Pas de danger, faut vouloir pour attraper un coup de soleil...

LOUISON

J'espère j'étais pas vulgaire.

STÉPHANE

T'étais toi, Louison. T'étais sincère.

RÉJEAN

J'aimerais ça dire que j'me sens pas toujours... c'que j'ai dit, c'est la première fois que j'utilise mon subconscient.

STÉPHANE

Réjean, dit pas un mot. Ça arrive à tout l'monde d'être un homme. Gilberte, c'est ben l'fun comment t'as réagi avec ton histoire de pitons. J'espère que tu t'en rends compte.

GILBERTE, flattée

Un peu. Mais j'n'avais déjà vu des pitons de même le soir, quand j'me couche. À quoi ça sert ces pitons-là?

STÉPHANE

Laisse faire ça. T'es de ton siècle. Tout le monde en a des bibittes. I' s'agit de trouver la bonne tapette à mouches, c'est toutte.

GILBERTE

Mais c'est quelle sorte de bibittes que j'ai?

STÉPHANE

Des petites bibittes de bungalow, des petites bibittes d'ennui.

GILBERTE

Vous pensez que j'm'ennuie.

STÉPHANE

C'est toi qui le sais. Pis Jacqueline, elle, a les a-tu rencontrées, ses petites bibittes.

JACQUELINE

Ah, moi, des petites bibittes, c'est pas ça qui manque! Quand une femme rejoint son quarante ans, les bébittes 'i sortent de partout. De sa peau, de sa ménaupose en vue, de son mari en statu quo. Des fois, on a même pu assez de force pour lever la tapette à mouches. Mais là j'exagère.

STÉPHANE

Non, non, t'exagères pas. Y a juste les morts qui n'ont pas de bibittes.

JEAN-GUY, *se levant*

Moi, avant, j'avais des coquerelles dans tête: là chus correct, j'ai fait venir la ville.

STÉPHANE

Toé, Jean-Guy, on sait ben, tu n'as pas de bébittes.

JEAN-GUY

Qu'est-ce que tu veux dire par là?

STÉPHANE

C'est bon de se regarder dans un miroir de
temps en temps, Jean-Guy.

JEAN-GUY

Ça dépend de c'qu'on a l'air.

STÉPHANE

Faut être capable de se regarder de face, même
si on est plus beau de profil.

JEAN-GUY

Hum hum...

STÉPHANE

J'sais pas si tu m'suis, là?

JEAN-GUY

Oui, oui, j'te suis.

Stéphane hausse le ton. Le monde est saisi.

STÉPHANE

Mais pourquoi t'as honte de baisser tes culottes
d'abord, pourquoi té laisses pas tomber?

JEAN-GUY

Chus de même... Mettons que j'ai des bretelles
après mes culottes.

STÉPHANE

C'est correct des bretelles, Jean-Guy, j'ai rien contre ça. Moi-même j'en ai. Mais si t'es enlèves jamais, à un moment donné, tes bretelles i' tiendront pus le coup pis i' vont te péter dans face. Comprends-tu c'que j'te dis là, Jean-Guy ?

JEAN-GUY

Oui, oui.

STÉPHANE

C'est pas niaiseux, c'que j'te dis, Jean-Guy ?

JEAN-GUY

Non non.

STÉPHANE

Moé si, avant, j'étais comme toi, Jean-Guy. Le monde mourait de rire quand j'arrivais, mais à un moment donné y a quelqu'un qui m'a dit « ça fera », pis qu'i m'a faitte baisser mes culottes. C'gars-là, j'i dois ma chemise aujourd'hui. I' m'a faitte découvrir que j'avais une poubelle dans le fond de moi. Un gars a beau rire dans son salon, i' faut qu'i' sorte ses vidanges de temps en temps, sinon ses farces vont commencer à sentir mauvais. C'est-tu clair ça, Jean-Guy ?

JEAN-GUY

Ah... j'peux ben les enlever mes bretelles, si ça peut vous faire plaisir mais j'garantis pas que mes culottes vont tomber tout seul.

STÉPHANE

On va tirer dessus, Jean-Guy, aie pas peur.

LOUISON

Chus sûre que t'es aussi beau sans culottes, Jean-Guy.

JEAN-GUY

C'est pas ça que mon boss m'a dit l'autre jour à son party.

JACQUELINE

C't'effrayant de s'mettre à nu devant le monde. On est tellement habitué à pas s'ouvrir. On est comme des vieux appartements pas aérés.

STÉPHANE

On va ouvrir les fenêtres, Jacqueline, fais-toi-z-en pas, là ; on va faire un grand ménage. O.K. Enlevez les chaises. Jean-Guy, es-tu game pour passer le balai ?

JEAN-GUY

Oui oui, où est-ce qu'i' est ?

STÉPHANE

O.K. Là, on va improviser comme t'à l'heure mais on va aller beaucoup plus loin. Ayez pas peur d'être à vif. Jean-Guy, t'es marié ?

JEAN-GUY

C'est ce que ma femme me dit.

STÉPHANE

Parfait, tu vas faire le mari. Jacqueline, t'as déjà faitte la vaisselle ?

JACQUELINE

Oui oui.

STÉPHANE

Tant mieux, ça te fait rien de la faire une autre fois?

JACQUELINE

Non non.

Stéphane aide Jacqueline à monter sur le praticable.

STÉPHANE

Bon. O.K. Vous êtes mariés ensemble. Pis vous êtes en train de faire la vaisselle. O.K. Une petite vaisselle ordinaire. Pas de problème de ce côté-là. Vous parlez de n'importe quoi, pis tranquillement vous parlez d'autre chose. Hier au soir, dans votre chambre à coucher, i' est arrivé une goutte qui a faitte déborder le vase. C'est que toi, Jean-Guy, t'as voulu consommer ta femme. Pis, elle, a s'est revirée de bord en disant qu'elle avait mal à tête, elle qui a jamais pris une aspirine de sa vie. O.K.? Jean-Guy, ça fait sept fois que ça arrive en deux semaines. T'es pas pour faire l'amour avec les calorifères quand même. Ça fait que tu veux savoir ce qui se passe. Pis le meilleur moment que t'as trouvé pour 'i parler, c'est pendant la vaisselle. *(Il claque des mains.)* Allez-y!

JEAN-GUY

J'lave-tu ou j'essuie?

STÉPHANE

C'est pas à moi qu'i' faut que tu demandes ça. C'est à elle. Allez-y, l'eau va refroidir.

JACQUELINE

Qu'est-ce que j'vas prendre comme lavabo?

STÉPHANE

Prends ton imagination.

Jacqueline prend une chaise et la met devant elle; elle commence à laver.

JEAN-GUY

Eh... tu veux-tu laver ou tu veux que j'essuie?

JACQUELINE

Ah! tu peux ben essuyer, ça me dérange pas. J'ai les deux mains dedans.

JEAN-GUY

Dans quoi?

JACQUELINE

Ben dans vaisselle.

JEAN-GUY

Ah oui, excuse! C'est parce que... depuis hier... j'ai la tête ailleurs.

Il fait semblant d'essuyer la vaisselle et la met dans une armoire imaginaire en passant derrière Jacqueline. En revenant, il l'embrasse dans le cou. Elle se détache de lui pour lui montrer que ça ne lui plaît pas.

JACQUELINE

Embrasse-moi pas, j'ai mal à tête.

JEAN-GUY
Veux-tu que je te fasse un massage?

JACQUELINE
Ben eh... masse la vaisselle à place.

JEAN-GUY
Pourquoi t'as mal à tête?

JACQUELINE
Justement...

JEAN-GUY
... Justement quoi?

JACQUELINE
Essaye pas de m'faire parler, t'as jamais pensé que si j'avais mal à tête, c'est parce que j'en ai une.

JEAN-GUY
Ben oui, je l'sais qu't'en a une tête... j'en parle à tout le monde.

STÉPHANE
Écartez-vous pas, là. Jacqueline, t'as une meilleure raison que ça pour pas être en forme.

JACQUELINE
Ça va trop vite, j'entends même pas qu'est-ce qu'i' me dit.

STÉPHANE
Pense à la vie, à la vraie vie. T'en as un mari, y a pas de raison que t'aies pas de problèmes avec.

JACQUELINE
Ben c'est gênant.

STÉPHANE

Penses-tu qu'y a juste toi qui as ces problèmes-là? La communication entre les femmes et les hommes c'est pas près de finir, ç'a même pas commencé. Pis si ça peut t'encourager: moi, chus divorcé, pis des chicanes j'en ai eues assez pour laver d'la vaisselle pour une armée. O.K. Jacqueline? Ça va bien, Jean-Guy, mais lâche pas, hein!

JEAN-GUY

Ouan, c'est pas pire.

STÉPHANE

C'est très pas pire. Mais rentre dedans toi aussi avec ta vie privée. Aie pas peur de slaquer les bretelles. *(Il lui fait un clin d'œil.)* O.K. Laissez faire la vaisselle...

JEAN-GUY

Mais elle dans mon rôle... C'est-tu elle, ou ma femme?

STÉPHANE

T'es son mari à elle mais c'est ta femme à toi. O.K. Allez-y! Awaie Jean-Guy! Attaque!

JEAN-GUY

Pis t'as-tu encore mal à tête?

STÉPHANE

Awaie Jacqueline, parles-'i à ton mari!...

JACQUELINE

Oui, j'ai mal à tête pis... tant que tu vas jouer au tennis jusqu'à trois heures du matin, y a pas une aspirine qui va agir sur moi.

JEAN-GUY

T'apprendras que quand j'joue au tennis jusqu'à trois heures du matin, j'fais pas juste ça...

STÉPHANE

Qu'est-cé tu fais, Jean-Guy?

JEAN-GUY

... J'prends ma douche aussi.

STÉPHANE

C'est ça, Jean-Guy... Tu te laisses insulter d'même, Jacqueline?

JACQUELINE

Ben, justement, nous deux ça fait combien de temps qu'on n'a pas pris notre douche ensemble?

STÉPHANE

Excellent, Jacqueline!

JEAN-GUY

Veux-tu qu'on aille en prendre une, là?

JACQUELINE

I' est trop tard... t'aurais dû y penser avant... Je l'ai pris ma douche à matin.

JEAN-GUY

Ah oui?... chus pas sûr de d'ça...

STÉPHANE

Awaie Jean-Guy, lâche la douche un peu, qu'est c'est que ça te donne de prendre ta douche avec, si t'es propre pour rien après. Tsé veux dire...

JEAN-GUY

Ouen justement... tu l'sais peut-être pas mais t'es pas une vraie femme.

STÉPHANE, *baveux*

C'tu vrai ça, Jacqueline?

JACQUELINE

Qu'est-ce que tu veux dire par là?

JEAN-GUY, *baveux*

Demande-lé à notre matelas, i' va te l'dire.

Les autres ricanent un peu.

JACQUELINE

Justement, parlons-en du matelas. Tu sais même pas comment ça s'écrit le mot *affection*.

JEAN-GUY

C'est dur d'être affectueux avec une planche de bois.

Réjean la trouve bonne. Les femmes sont un peu offusquées.

STÉPHANE, à *voix basse*

C'est ça, Jean-Guy.

JACQUELINE

En tout cas, c'est pas en rentrant un clou d'dans que tu vas la disposer.

JEAN-GUY, *de plus en plus baveux*

Y a du bois qui se travaille mieux que d'autres... Toi pour te réchauffer, i' faudrait que j'mette le feu à chambre à coucher au complet. Y a pas moyen de t'allumer, on dirait que t'as un détecteur de fumée accroché dans le cou.

Réjean rit.

JACQUELINE

C'est pas ma faute si t'es pyromaniaque. Un feu ça se part lentement, avec du petit bois avant pis après le gros bois. Vous autres, les hommes, vous pensez que l'affection c'est de baisser vos pantalons.

GILBERTE, *approuvant*

Ouan.

STÉPHANE, *très bas*

Ah oui?

JACQUELINE

Oui, y a d'autres choses que la sueur en amour. Respirer fort, c'est pas nécessairement une preuve d'amour. N'importe quel bœuf est capable de faire ça. Même que j'connais des animaux qui auraient plus le tour que vous autres avec les femmes. Juste à regarder un documentaire sur les oiseaux, i' s'embarquent pas dessus comme des étables eux autres. Les colibris, avant de lâcher leur semence, y chantent un peu. Vous autres quand vous beuglez, j'te dis que vous êtes pesants s'a branche. Pis chus pas toute seule qui pense ça.

GILBERTE, *souriant*

Moi non plus.

STÉPHANE, *baveux*

Ouen, tu t'fais parler mon Jean-Guy, hein? T'as

l'air d'un beau moineau, là!... A va te faire manger dans sa main si ça continue.

JEAN-GUY

T'as fini, là, hein? Penses-tu que je l'sais pas qu'est-ce tu m'as dit. Vous autres les femmes, chus tanné d'entendre votre courrier du cœur. Tout le monde en a des boutons, mais c'est pas en les pétant dans face des autres qu'on les guérit. C'est pas la cour que vous méritez qu'on vous fasse, c'est un procès. Hein? *(Il regarde Stéphane.)* Pis compte pas sur moi pour te défendre ma 'tite fille.

JACQUELINE

Chus capable de m'défendre toute seule.

JEAN-GUY, *hargneux*

Ça paraît pas. Vous autres votre problème, les femmes, c'est que vous en avez pas, vous êtes obligées de vous en inventer. C'est pas compliqué, le désir. Quand un gars arrive chez eux pis qu'i' est fatigué mort, c'est ben normal qu'i' ait le goût de faire l'amour avec sa femme. Mais si, en plus de ça, i' faut qu'i' grimpe sur le cadre de porte pis qu'i' fasse le moineau pour que sa femme dise oui, i' est aussi ben de r'virer serin direct. C'est sûr qu'on embarque pas sur sa femme comme on embarque dans un char. C'est sûr que les femmes ont leurs p'tits caprices quand c'est le temps d'enlever le pyjama. Mais quand ça prend une heure pour l'enlever, y a quet'chose qui marche pas, soit le pyjama, soit la femme qui est d'dans.

JACQUELINE

Ou soit la personne qui essaie de l'enlever. Toé, Jean-Guy Poupart, si tu faisais un référendum

63

avec ta femme avant d'embarquer dans le lit, c'est pas sûr que t'aurais un «oui».

Louison et Gilberte ricanent cyniquement.

RÉJEAN, *en sourdine*
Eh... ta...!

JEAN-GUY, *en colère*
Aie si tu veux parler de vie privée, j'vas t'en parler moé. Moé, ça fait 15 ans chus marié. Ça fait que des femmes j'en ai vues. C'est pas juste à l'homme de faire le rôle. Ça se fait à deux, ça, ma p'tite fille. T'essaieras ça une bonne fois. Moé, ma femme a jamais eu de troubles avec son plaisir pis c'est pas parce que a l'a plus d'organes que toi. Pis c'est pas à cause de moé non plus. A connaît son ventre pis est capable de s'organiser à partir de moi. Ça fait que tu devrais interroger tes parties un peu.

JACQUELINE
Tu sauras que mes parties sont faites en femme. Mais une femme c't'un tout, c'est pas rien qu'une partie. Quand une femme se fait réveiller presqu'en état de sodomie, là, a l'plaisir pas mal rabougri. On dirait que, pour toi, les femmes font pas partie des droits de l'homme. Ta femme le sait-tu que c'est quasiment un viol votre affaire, des fois.

JEAN-GUY
Ma femme a toujours été très consciente de mes relations sexuelles avec elle. A en sait ben plus long que tu penses, ma femme. T'es peut-être féministe mais elle est institutrice. Ça fait que l'ignorance c'est pas son fort.

JACQUELINE
T'es ben fin, t'es ben fin.

JEAN-GUY
J'ai pas dit ça qu'j'étais fin, loin d'là. Fais-toiz-en pas, ma femme est comme toi, est loin d'être parfaite. T'apprendras qu'c'est pas toujours un cadeau d'être marié avec une bolle. Vous autres, les femmes, c'est toutte ou rien. Ou ben donc vous avez pas de tête, ou ben donc vous avez pas d'cœur. Un gars intelligent, i' l'montre pas nécessairement; moi, à chaque phrase que j'dis qui a du bon sens, elle en sort quatre. Un gars aime ça avoir raison de temps en temps. Penses-tu qu'a l'sait pas que son chèque est deux fois plus gros que le mien? Y a des humiliations qui font mal, O.K.?

JACQUELINE
Penses-tu qu'y a juste les femmes qui ont le droit d'avoir des humiliations?

JEAN-GUY
J'ai pas dit ça mais y a des humiliations qui sont... négatives à la longue. Quand tu sors d'une vue pis que c'est ta femme qui te dit pourquoi t'as aimé l'film, t'as l'impression d'avoir un clou à place de la tête. Pis quand a te dit qu'a veut se libérer en plus, tu te d'mandes si c'est pas de toi.

STÉPHANE
Où c'est qu'a se libère?

GILBERTE
Que c'est qu'a fait?

JEAN-GUY
A fait que a fait du ballet-jazz. Avec un suppo-

sé nègre qu'i' paraît qu'i' sent le soleil, pis qui est faitte comme un Grec à part de ça: a peut ben être mélangée. Mais quand j'i d'mande pour danser avec moé, par exemple, c'est comme si j'i annonçais que son père est mort. Les deux jambes 'i tombent, ça fait que toé, avec ton problème de cuisses serrées, t'aurais d'la misère à m'pomper avec ça, O.K.?

JACQUELINE
C'est pas les cuisses que j'ai d'serrées, tu sauras.

STÉPHANE
Que c'est que t'as de serré d'abord?

JACQUELINE
Vous comprenez rien... C'est pas parce que j'aime pas ça que je suis frigide. Chus prête à faire l'amour avec n'importe qui, n'importe où, d'abord qu'i' m'parle avant. La langue ça pas été inventé juste pour embrasser.

STÉPHANE
Qu'est-ce que tu veux qu'on fasse avec notre langue, Jacqueline?

JACQUELINE
Ben j'veux, j'veux...

JEAN-GUY
Tu sais pas ce que tu veux. C'est rien que ça que tu mérites.

JACQUELINE
Toé, mêle-toi pas de moé. O.K.? Chus peut-être, chus peut-être...

STÉPHANE

T'es peut-être quoi? T'es peut-être quoi?...
Awaie!

JACQUELINE

O.K. chus peut-être niaiseuse, ni institutrice,
heu peut-être frigide même, mais ça change rien à
ce que je suis. Chus une femme pis toé dis-toé ben
que t'en seras jamais une.

JEAN-GUY

Je l'sais, je l'sais...

STÉPHANE

Que c'est tu sais? Awaie!

JEAN-GUY

Je l'sais que ch't'un homme.

STÉPHANE

T'es sûr de ça, Jean-Guy?

JEAN-GUY

Avec elle, par exemple, chus pas sûr que j'en
s'rais un.

JACQUELINE

Ni avec ta femme ç'a l'air. Ça doit pas être
drôle d'être marié avec un arriéré sexuel.

JEAN-GUY

Redis jamais ça, toé. Espèce de sainte nitouche.
Toé pis ta face de vieille fille. Tu serais bonne pour
faire une annonce de couvent.

JACQUELINE

Hey, que c'est qui se passe? Pourquoi c'est moi?
J'le connais pas, lui. C'est-tu d'ma faute si j'ai qua-

rante ans? J'te dis qu't'as dû en faire brailler des femmes, toi.

Jacqueline éclate en sanglots.

STÉPHANE
O.K. C'est fini! On arrête de péter, là.

GILBERTE
C'est fini ma chouette, chus là, là. Viens, viens dans mon épaule. *(À Jean-Guy.)* Des hommes comme toé, ça devrait pas être permis.

JEAN-GUY
Ben oui... mais c'est nous deux qu'i' a commencé.

JACQUELINE
Allez-vous-en, laissez-moi brailler de moi-même.

STÉPHANE, *faisant un clin d'œil à Gilberte*
Non, non, c'est correct. J'avais le contrôle. C'était prévu. T'as été parfait, Jean-Guy. Ç'avait rien à voir avec toi.

Stéphane prend Jacqueline dans ses bras.

STÉPHANE
O.K. Jacqueline, chus là, là. J'm'occupe de toi. Laisse-toé aller sur moi. Tu t'en rends pas compte, mais tu viens de t'faire beaucoup de bien. C'est pas à toi à nous dire merci c't'à nous autres. Tu nous a montré comment ça se casse une croûte pis t'as pas eu peur de nous montrer est faite à quoi ta tarte.

GILBERTE

Ça peut juste aller mieux, Jacqueline.

JACQUELINE

J'm'excuse mais j'y ai été plus fort que moi.

STÉPHANE

Pas trop sonné, Jean-Guy? C'est le temps de la détente. Tu peux en faire des farces, là.

JEAN-GUY

Ouen... ouen... dans... une minute. Jacqueline j'aimerais ça... m'excuser parce que... j'pense que je... l'mérite. C'est pas à toi que j'parlais t'à l'heure, c'est à toute l'éducation que j'ai reçue. *(Aux autres.)* J'm'excuse... euh... au... au nom des femmes aussi.

JACQUELINE

Je l'sais, Jean-Guy; j't'inviterais à souper n'importe quand t'sais. C'est pas de ta faute si t'es un homme pis ch't'une femme.

STÉPHANE

S'il vous plaît tout le monde. Ce qu'on vient d'assister, ça se voit pas à tous les coins de rues pis c'est pas nécessaire d'en parler à tous les coins de rues non plus. Le but de l'exercice que j'ai dirigé, c'est de montrer à quel point un être humain est lui-même dans l'fond. Avant de brailler sur scène, il faut être capable de brailler dans vie. Quand Jean-Louis Roux braille dans son T.N.M., i' pense pas à son muffler qui est rouillé, O.K. Tout le monde, on va prendre un p'tit break de cinq minutes.

Stéphane entraîne Jacqueline vers les coulisses.

RÉJEAN, *vers Jean-Guy*

Ç'avait peut-être pas de nom le rôle que tu faisais mais c'tait écœurant. Sur une scène, ç'aurait fait ému pas mal.

JEAN-GUY

Merci...

LOUISON, à *Réjean*

Même chez nous quand ça chicane, c'est jamais d'même.

RÉJEAN

J'comprends. J'vas aller m'chercher un Mae West.

Gilberte, restée seule avec Jean-Guy, le regarde sévèrement. Stéphane et Jacqueline reviennent des coulisses.

STÉPHANE

En tout cas, Jacqueline, quand tu t'es vidée, j'pensais pas qu'i' en sortirait autant que ça. Un peu plus i' aurait fallu sortir la moppe.

GILBERTE

Ah oui... c'tait effrayant de t'voir, Jacqueline.

JACQUELINE

C't'inimaginable. J'm'appartenais pus. J'ai faitte un vrai dégât de moi-même.

STÉPHANE

Dis pas ça, Jacqueline. T'étais belle à voir. *(Il lui prend le menton.)* T'es quelqu'un, t'sais, Jacqueline.

JACQUELINE

Ah, c'est sûr, ça m'a fait du bien. J't'épuisée mais c't'une bonne fatigue. La seule chose que je regrette un peu c'est que j'aurais aimé ça que ce soit mon mari à place de Jean-Guy. Pas pour l'engueuler mais pour 'i montrer ma facette. Mais chus sûre que ça va muer notre quotidien quand même.

STÉPHANE

Le quotidien, c'est faitte pour muer.

JEAN-GUY, *s'approchant*

Stéphane merci... j'pense qu'aujourd'hui j'ai compris quèque chose. J'peux pas dire quoi mais quet' chose...

STÉPHANE, *lui mettant une main sur l'épaule*

J'te l'dirai... à un moment donné.

3

*Ils sont dans l'amphithéâtre du centre culturel.
Louison et Réjean sont sur le grand praticable
en train de répéter. Louison est en collant avec
ses bottes d'hiver dans les pieds. Ils font une
scène d'amour. Les autres sont assis dans la
salle et assistent à la répétition. Stéphane est en
collant mais il a mis une chemise de style ro-
mantique à manches bouffantes. Jean-Guy
porte un pantalon et une chemise sport.*

LOUISON
Je t'aime, Christophe.

RÉJEAN
Moi aussi, tu sauras.

Ils s'embrassent maladroitement.

STÉPHANE
O.K. On s'embrasse. On a pas peur de manquer la face de l'autre. Awaie Réjean, c'est pas ton
oncle que t'embrasse. Non, non, coupez...

Il se lève et va vers eux.

STÉPHANE
On dirait que t'embrasse une machine à cou-
dre, Réjean.

RÉJEAN

C'est que j'pas habitué d'embrasser en même temps que j'parle.

STÉPHANE

La même chose pour toi, Louison. Des amoureux ça digère pas, ça s'embrasse. Là, on dirait que vous venez de manger un entrepôt de cretons au complet. Oui, oui. Vous avez l'air pesant. L'amour c'est léger; levez de terre un peu!

LOUISON

Est-ce qu'on recommence?

STÉPHANE

Non, on va arrêter là pour ce soir. Vous pratiquerez ça chacun chez vous pis on verra ça la semaine prochaine.

JACQUELINE

C'est pas déjà fini? *(Elle regarde sa montre.)* Ah ç'a pas d'allure! I' reste juste une semaine!

Gilberte monte sur le praticable et s'approche de Stéphane.

GILBERTE

Me semble ça l'air trop sérieux comme pièce.

STÉPHANE

Justement c'est ton rôle à toi de dérider la pièce.

GILBERTE, à *Stéphane*

Oui mais, qu'est-ce que ça fait une femme de ménage pour être comique? C'est-tu bon si j'me mets les yeux croches, comme ça?

Elle le fait devant Stéphane.

STÉPHANE
Tu peux jouer avec ton plumeau aussi; regarde, t'essuies queque chose pis din coup psst...

Stéphane s'époussette le dessous des bras.

GILBERTE
C'est-tu drôle ça?

STÉPHANE
Ben oui, c'est drôle, hein?

Il regarde Réjean.

RÉJEAN
Me semble oui...

STÉPHANE
Là, je l'fais sérieux, mais 'magine si tu l'fais en farce.

GILBERTE
Ouan, c'est vrai.

LOUISON
Stéphane, j'peux-tu y aller? Mon père m'attend...

STÉPHANE
O.K. Tout le monde.

Il tape dans ses mains. Les élèves s'habillent.

LOUISON
Réjean?... Veux-tu un lift?

RÉJEAN

Si tu veux.

LOUISON

Bon ben, bye bye le monde.

RÉJEAN, *s'approchant de Stéphane*

En tout cas, M. Stéphane, pour la trousse de maquillage qu'i' faut vous acheter, ça vous dérange pas si j'vous paie la semaine prochaine.

STÉPHANE

Chus pas pressé. Tu peux même me faire un chèque postdaté si tu veux, O.K.? Salut! bonhomme!

RÉJEAN

Merci Stéphane.

Il sort en s'enfargeant dans les praticables.

STÉPHANE

Ah oui Jacqueline, j'voulais te dire ça, j'trouve que ta scène du début avec Jean-Guy est pas encore tout à fait dedans, t'sais.

JACQUELINE

Ah! j'peux ben rester une petite demi-heure encore.

STÉPHANE

Ouan, c'est pas bête ça.

JEAN-GUY

Veux-tu que je reste moi avec aussi...

STÉPHANE

Pas vraiment. Toi-même t'es mieux d'arrêter.

Ça va très bien comme ça. Faut pas que t'uses ton sentiment, t'sais. J'vas m'en occuper.

GILBERTE, à *Stéphane*
J'peux-tu l'attendre...

STÉPHANE
Ah oui, mais ça peut être plus long qu'on pense, ça, Gilberte. C't'une pratique d'émotions, t'sais.

JACQUELINE
Ben oui. Attends-moi pas, Gilberte, voyons donc. C'est pas pour une fois...

GILBERTE
O.K. d'abord. Bonsoir Stéphane. Bonne émotion. Bon, ben, Jacqueline j't'appelle demain, ou tu m'appelles, ou sinon on se rejoint.

JACQUELINE
Sans faute, bonsoir ma grande.

Stéphane commence à installer trois chaises pour figurer un banc.

JEAN-GUY
Écoute, Stéphane, j'veux pas retarder votre pratique d'émotion, mais j'aimerais ça... à un moment donné, si t'es capable qu'on aille prendre un café ou un club sandwich ensemble.

STÉPHANE
J'comprends ça. C't'à propos de ta femme...

JEAN-GUY
On peut rien te cacher toé...

STÉPHANE

Pis tu 'i as-tu dit ce que j't'avais dit.

JEAN-GUY

Oui mais... *(Apercevant Jacqueline. Celle-ci s'éloigne.)* Euh...

STÉPHANE

Mais quoi?

JEAN-GUY

Ben, c'est ça, faudrait que j't'en parle parce que... de ce temps-là, faut quasiment que j'couche dans boîte à pain, t'sais veux dire...

STÉPHANE

C'est parfait ça.

JEAN-GUY

Oui mais...

STÉPHANE

Fais-toi-z-en pas, dis-toi que... tu passes par là, c'est toutte. On ira prendre un café un bon soir pis on videra le sujet.

JEAN-GUY

Mais i' faudrait l'prendre vite notre café parce que...

STÉPHANE

Ça se boit vite un café, Jean-Guy, fais-toi-z-en pas, O.K.?

JEAN-GUY

Ouain, mais y a pas juste ça. J'me regarde aller de ce temps-là pis j'me trouve pas ben ben drôle.

STÉPHANE

Fais-toi-z-en pas. Moi-même ça m'arrive de pas être drôle. Salut Jean-Guy! Voyons donc.

JEAN-GUY

Oui mais, Stéphane... Bonsoir Jacqueline. Merci Stéphane.

Il sort.

STÉPHANE

Cré Jean-Guy, on dirait qu'i' sait pas que des problèmes c'est fait pour être réglés.

JACQUELINE

En tout cas, si on était pas venus ici, j'pense qu'on saurait même pas encore qu'on avait des problèmes.

STÉPHANE

C'est pas juste à cause de moi, vous autres aussi, vous avez faitte votre part. O.K. ma petite Jacqueline, on va reprendre ta scène, là, pis tu vas y aller à fond. Aie pas peur d'en mettre!

JACQUELINE

À partir d'où qu'on commence?

STÉPHANE

À partir du banc, O.K.? Viens on va s'asseoir.

JACQUELINE

J'ai d'la misère à partir quand j'chus t'assise.

Ils s'assoient.

STÉPHANE

Ben voyons. Bon regarde-moi ben, là. L'idée de base dans cette scène-là, c'est que vous vous aimez pis quand on s'aime y a de la passion. C'est ça que j'veux voir à soir.

JACQUELINE

Chus tellement pas habituée d'être passionnée. Surtout toute seule avec un homme...

STÉPHANE

Tu commences mal, là. *(Sourire.)* Oublie-toi, là, pis concentre-toi. T'as juste à m'suivre, j'vas faire Jean-Guy.

JACQUELINE, *fermant les yeux*

O.K. go!

Stéphane prend son texte qui est sur ses genoux pis prend les deux mains de Jacqueline.

STÉPHANE

Rien ne pourra plus nous séparer l'un de l'autre.

JACQUELINE

Ça commence avant...

STÉPHANE

Pas grave! La vie nous sourit à tout jamais.

JACQUELINE

Je t'aime, Christophe.

STÉPHANE

Moi aussi.

JACQUELINE et STÉPHANE
« Pour toute la vie. »

Ils s'embrassent. Stéphane se retire rapidement.

STÉPHANE
Non non non, chus désolé, Jacqueline, mais j'sens rien, t'es pas là, Jacqueline. On dirait que t'embrasses... Euh... Réjean, comprends-tu ? La bouche, Jacqueline, c'est supposé être le palais des passions ; c'est cru à dire, mais la bouche c'est le portique de la chambre à coucher. Comprends-tu ?

JACQUELINE
Ouais, mais ché pas comment faire pour avoir de la passion. Embrasser c'est pas naturel chez moi. J'embrasse pas à cœur de jour. Comment j'pourrais faire. Le rôle j'le sens toutte mais chus pas capable de l'exprimer.

STÉPHANE, *continuant de lui tenir la main*
Jacqueline, pourquoi tu t'laisses pas aller ? T'es une femme comme tout l'monde. On dirait que tu t'refuses au plaisir. À moins que ce soit moi ? Tu peux me l'dire, t'sais.

JACQUELINE
Oh non ! au contraire, j'veux dire c'est pas ça... Enfin eh... j'me sens très vibrée, pas vibrée euh... en confiance comme qui dirait. Je l'sais c'est pas toi que j'embrasse dans l'fond. C'est le rôle. Mais du théâtre de même c'est exigeant physiquement... dans ce sens-là j'veux dire. J'm'exprime mal, là, mais en tout cas c'est pas vous... toi. Tu comprends, Stéphane ?

81

STÉPHANE

Ben certain j'comprends pis chus content que toi aussi tu le comprennes mais y a une affaire que j'comprends aussi... c'est... tes lunettes. Ça te nuit quand t'embrasse, hein?

JACQUELINE

Ben je l'sais pas, j'ai les yeux fermés quand j'embrasse.

STÉPHANE

Ben justement, si t'as les yeux fermés tu n'as pas besoin. De toute façon, i' paraît que l'amour ça rend aveugle: qu'est-ce ça donne d'avoir des lunettes?

JACQUELINE

C'est parce que chus ben myope, hein. J'ai un œil qui a six sur dix pis l'autre chus même pas sûre qu'i' passe.

STÉPHANE

Eh ben c'est parfait! Enlève-lé. *(Il lui enlève ses lunettes.)* Comme ça tu sauras même pas que c'est moi qui t'embrasse.

JACQUELINE

Ah ben j'aime autant que ce soit toi que n'importe qui.

STÉPHANE

Merci.

JACQUELINE

J'ai pas dit ça pour ça.

STÉPHANE

C'est ça que j'ai entendu par exemple.

JACQUELINE, *amusée*

Ah hey! ça va faire, on s'embrasse-tu là?

STÉPHANE

Si tu me le demandes.

JACQUELINE

Ah! Stéphane! arrête de faire le fou, là. J'vas mettre mes lunettes, si ça continue. Awaie, fais ton Christophe!

STÉPHANE

O.K. Barbara. *(Devenant sérieux.)* Toute la vie nous sourit.

JACQUELINE

J'ai les mains froides, hein?

STÉPHANE, à *voix basse*

C'pas grave. Dis: «Je t'aime, Christophe.»

JACQUELINE, *passionnée*

Je t'aime, Christophe.

STÉPHANE

Moi aussi, Barbara, pour toute la vie.

Ils s'embrassent.

Le baiser devient de plus en plus passionné. Jacqueline ne se contrôle plus et Stéphane en profite. À un moment donné, Jacqueline se défait de son étreinte.

JACQUELINE

Ah mon Dieu! c'était-tu correct?

STÉPHANE

C'est vraiment mieux là, Jacqueline.

JACQUELINE

Ah non, c'est pas du théâtre ça! C'est la vie.

STÉPHANE

La vie c'est du théâtre, Jacqueline. On sait jamais ce qu'y a dans le prochain acte.

JACQUELINE

C'est pas une raison. C'est pas mon mari ni un rôle que j'ai embrassé: c'est toi, c't'effrayant.

STÉPHANE

J'm'excuse si t'as pas aimé ça.

JACQUELINE

Non, c'est pas la question. Chus mariée, Stéphane. Chus pas mariée au théâtre, chus mariée dans vie. Tu réalises-tu que j't'ai embrassé?

STÉPHANE

Qu'est-ce que tu veux qu'on fasse, Jacqueline. Un baiser ça s'efface pas. Moi non plus j'avais pas le goût de t'embrasser vraiment. C'est pas notre faute si on est sorti de notre personnage. C'est fini là. Ça arrive ça, des fois, au théâtre.

JACQUELINE

Oui mais chus pas une actrice, moi. Chus une épouse, pis j'ai un mari en plus.

La prenant par les épaules.

STÉPHANE

Écoute, Jacqueline, c'est fini là. C'est fini. C'est fini notre histoire d'amour. Ça aura été court mais ç'aura été beau. Y a personne qui l'sait pis ça va rester entre nous deux. De toute façon, on a rien fait de dangereux, hein? Hein, Jacqueline?

JACQUELINE

Oui, mais c'qui est effrayant, c'est que même si mon mari s'en rend pas compte j'ai aimé ça. Comprends-tu, Stéphane? Pourquoi j'ai aimé ça, hein, pourquoi j'ai aimé ça t'embrasser?

STÉPHANE

Ça c'est un mystère. On s'en allait à même place. Mais on savait pas qu'on prendrait le même autobus. Quand je t'embrassais tantôt Jacqueline, excuse-moi de t'dire ça, mais quand j't'embrassais c'est bizarre, mais je nous voyais tous les deux à l'île aux Coudres.

JACQUELINE

Non Stéphane...

STÉPHANE

C'est bête à dire mais l'île aux Coudres, c'est un peu mon île à moi. Y a un hôtel là-bas genre, avec des petites nappes bleues j'pense : ça s'appelle La Roche Pleureuse. Tu connais-tu ça?

JACQUELINE

Non pas encore...

STÉPHANE

Chaque fois que j'y vas, chus quasiment tout seul. J'me loue une chambre. La chambre numéro 7.

Les draps sont propres, l'armoire sent le paysan, le lit est mou comme l'ancien temps pis la cuisine est faite à main par une grosse bonne femme qui arrête pas d'être le fun. Mais c'est pas ça que j'veux dire. L'affaire c'est que y a des roches là-bas. Y en a une surtout. Une grosse roche plate, juste en face du fleuve. Chaque fois que j'y vas, j'passe mes journées sur ce roche-là. Pis t'à l'heure, quand j't'embrassais, j'faisais rien que penser à c'te roche-là.

JACQUELINE

Arrête. (*Elle lui met la main sur la bouche.*) Stéphane. T'as pas le droit de m'dire ça.

STÉPHANE

J'ai fini là. Toutte ce que j'voulais dire c'est que j'aurais aimé ça te montrer mon île pis te présenter mes mouettes... j'dis des niaiseries, là... je l'sais...

JACQUELINE

Non non non, tu dis pas des niaiseries! C'est sûr ça m'tenterait de la connaître ta roche... Écoute, Stéphane, j'devrais même pas te parler. Dis-moi de me taire... C'est-tu ma faute à moi si tu m'as faitte me révéler. Avec mon mari, chus juste sa femme mais avec toi, là, j'ai senti que chus quelqu'un d'autre. Comment ça se fait c't'arrivé ça? J'pensais c'était juste la franchise qu'y avait entre nous deux. Y a pas moyen d'être franc sans aimer quelqu'un.

STÉPHANE

Je l'sais ben. Mais dis-toi que c'est seulement un rêve Jacqueline. Qui c'est qui rêve pas, hein? Y a juste les morts. Là, fais-toi-z-en pas, on va s'en aller chacun de notre côté pis on va se réveiller chacun chez nous, O.K.?

JACQUELINE

Dis pas ça... j'ai pas vraiment le goût d'me réveiller. Ça fait toujours mal de s'réveiller en plein milieu d'un rêve.

STÉPHANE

D'abord veux-tu qu'on le finisse notre rêve?

JACQUELINE

Oui mais d'un coup notre rêve finit en cauchemar.

STÉPHANE

Non, non, fais-toi-z-en pas. J'ai l'habitude de rêver, chus pas le genre à manger du porc frais avant d'aller m'coucher. Pis toi non plus, j'pense, hein? *(Il lui sourit.)*

JACQUELINE

Tu penses? Tu penses qu'on pourrait s'aimer pis que ça nous ferait pas mal.

STÉPHANE

J'ai pas l'habitude de faire mal aux femmes, Jacqueline.

JACQUELINE

Je l'sais pus, Stéphane...

STÉPHANE

Moi non plus... *(Il la prend dans ses bras et l'embrasse. Après une courte résistance, elle se laisse aller.)*

FADE OUT.

4

Après l'entracte, quand les spectateurs refont leur entrée dans la salle, on voit Jean-Guy et Gilberte en transparence à travers les rideaux des coulisses. Ils regardent le public s'asseoir.

GILBERTE

Regarde dans la troisième rangée, c'est ma sœur Thérèse pis le gros chat sauvage à côté, c'est son mari Richard. *(Silence.)* Quen, là, là, c'est mon groupe de « Lion ».

JEAN-GUY

C'est pas croyable le monde qui a...

GILBERTE

Arrête, dis pas ça, ça m'énerve assez de les voir. Pas besoin d'en parler... *(En apercevant son mari.)* Regarde donc mon Roger, j'espère qu'i' va être fier de ses meubles.

JEAN-GUY

Tiens, c'est elle ma femme.

GILBERTE

Où ça? J'vois rien.

JEAN-GUY

Regarde, a passe devant la moustache, là.

GILBERTE

Oh! mais a l'air distinguée, tu trouves pas?

89

JEAN-GUY

Ben certain...

Réjean et Louison, de l'autre côté, sont dans tous leurs états.

LOUISON, *essoufflée*

Dis-moi quèque chose, Réjean, sinon j'vas perdre connaissance...

RÉJEAN

Que c'est que tu voudrais que j'te dise?

LOUISON

Dis-moi n'importe quoi... empêche-moi de mourir... j'm'entends le cœur battre jusque dins les boucles d'oreille. C'est-tu normal, tu penses?

RÉJEAN

Je l'sais pas, j'en ai pas, moi, de boucles d'oreilles. On va répéter nos phrases, ça va nous faire oublier... O.K.?

LOUISON

O.K.? Quoi?

RÉJEAN

On commence-tu?

LOUISON

O.K. vas-y...

RÉJEAN

C'est toi qui commence...

LOUISON

Je le 'sais'... euh. *(Elle parle très vite après avoir*

90

hésité en parlant.) Je t'aime Christophe, c't'à toi.

RÉJEAN
Moi aussi, tu... t... t... t... Voyons... Ton thé t'a-t-il ôté ta toux? Moi aussi tu sauras.

Jacqueline traverse la scène. Elle se dirige vers Stéphane tout énervée.

JACQUELINE
Qu'est-cé j'ai l'air, Stéphane?... Chus tellement nerveuse. J'me suis quasiment mis du bleu sur les lèvres. Mes yeux ont-tu l'air beaux?

STÉPHANE, *le crayon dans la bouche*
Tes yeux sont sensationnels, Jacqueline, les deux.

JACQUELINE
...Stéphane... c'est peut-être pas lc temps mais... y a une discussion que j'voudrais te parler.

STÉPHANE
Quoi?

JACQUELINE
C'est parce que depuis qu'on a... hein... t'sais?

STÉPHANE
Hum hum... Écoute, chus d'accord avec toi, Jacqueline, mais là... *(Il regarde sa montre.)* ça commence, là, va prendre ta place, O.K.? Merde...

Jacqueline
Merci. *(Elle s'éloigne.)*

STÉPHANE
O.K. Réjean!

Réjean prend son hockey pour donner les trois coups. Stéphane fait un signe à un régisseur fictif. Les lumières s'éteignent. Réjean essaie de frapper mais se trompe dans le nombre de coups. La scène s'éclaire côté cour. Jean-Guy et Jacqueline sont assis sur un banc. Jean-Guy la tient dans ses bras.

JACQUELINE
Je ne peux pas croire que ça y est.

JEAN-GUY
Oui, Barbara, ça y est.

JACQUELINE
Enfin, te voilà mien.

JEAN-GUY
Et toi... la mienne. Rien ne pourra plus séparer de l'un de l'autre. La vie nous sourit... et... à tout jamais.

JACQUELINE
Je t'aime Christophe.

JEAN-GUY
Moi avec.

LES DEUX
Pour toute la vie.

Ils s'embrassent. Fade out. Fade in sur Stéphane, côté jardin, assis dans un fauteuil pivotant. Il allume une lampe. Il a l'air ému par ce qu'il vient de voir. Il enlève ses lunettes comme pour essuyer une larme. Il a une pipe à la main. En pivotant, il fait semblant de découvrir le public.

STÉPHANE

Ah tiens! Vous étiez là, vous aussi? Quelle merveilleuse histoire, n'est-ce pas? Digne d'un *Docteur Jivago* ou d'un *Gone with the wind*... Évidemment, tout cela n'est que cinéma mais ce que le cinéma ne nous répond pas, c'est qu'adviendra-t-il dans dix ou quinze ans de monsieur et madame Jivago, une fois installés dans leur bungalow. Voilà là, la question que nous avons humblement tenté de nous poser. Bien sûr, nous ne prétendons pas y avoir répondu. Nous ne sommes quand même pas des dénommés Bergman avec sa prodigieuse scène de vie conjugale ni des Lelouch avec son homme et sa femme; non, nous sommes nous avec nos chagrins et nos peines bien québécois... ses, et c'est à partir de nous que nous avons essayé d'y répondre... à ce que je... j'ai dit tantôt. Mais je ne veux pas vous ennuyer plus longtemps avec ce que je viens de vous dire et allons, tous ensemble, sur la pointe des pieds, rejoindre nos héros de tantôt confortablement rangés dans leur foyer.

Stéphane s'est dirigé vers le centre de la scène où se trouve un décor de salon de maison de banlieue. Jean-Guy est assis sur le sofa en train de lire un journal. Jacqueline est penchée au-dessus de Louison et Réjean déguisés en enfants. Louison à deux couettes. Réjean est assis sur un camion d'enfant.

STÉPHANE

Barbara qui boulotte dans le corps enseignant, agit également en tant que maman de deux adorables mioches avec qui elle entretient une... relation.

JACQUELINE

Jacquot, lâche la couette de Mari-Jo.

RÉJEAN, *déçu*

Ahhh... *(Il lâche la couette.)*

STÉPHANE

Papa Christophe, qui travaille dans la carrière de fonctionnaire, prend part lui aussi à leur élevage.

JEAN-GUY

Jacquot, lâche la couette de Mari-Jo.

Réjean a tiré trop fort sur la couette et l'a arrachée. Il la remet à Louison. Les deux sont très mal à l'aise.

RÉJEAN, *la couette en main*

Ahhh...

STÉPHANE

Mari-Jo, qui est le premier fruit de leur amour et qu'on aperçoit ici en train d'avoir douze ans, est un p'tit bout de femme fort sympathique et curieux comme pas deux.

LOUISON

Dis, papa, quand c'est que tu vas m'en faire un bébé ?

Les parents rient. Réjean fait du bruit en faisant rouler un camion.

STÉPHANE

Fiston, pendant ce temps, s'avance bruyamment vers la puberté au volant de son petit camion...

RÉJEAN

Non, c'est Obélix qui est tombé dans la potion magique!

STÉPHANE

Il a encore des croûtes à manger.

Gilberte entre, un plumeau dans les mains.

STÉPHANE

Et, pour finir, mais aussi pour épousseter et garder les bambins, Adèle, la gousse d'humour de notre histoire.

Gilberte se passe le plumeau en dessous des bras et attend la réaction du public.

STÉPHANE

Tout compte fait, une famille où le bonheur semble rouler comme sur des roulettes. Et pourtant, qui oserait se douter qu'au moment même où je semble vous parler, un drame est sur le point d'exploser? Mais j'en ai déjà trop dit... laissons plutôt la place à nos protagonistes.

Jean-Guy lit le journal.

JACQUELINE

Ah oui, à propos, Christophe...

JEAN-GUY

À propos de quoi?

JACQUELINE
Est-ce que t'as besoin de l'auto, demain soir?

JEAN-GUY
Non, non, toi?

JACQUELINE
Justement oui, j'en aurais besoin pour suivre mon cours de danse.

JEAN-GUY, *ému*
Ton cours de danse? Ah oui? Euh, non, non, pas de problème...

Silence.

JEAN-GUY
Comme ça, tu seras pas là pour souper, demain?

JACQUELINE
Non, mais Adèle va être là; qu'est-ce que ça te tenterait de manger?

JEAN-GUY
Ah! n'importe quoi.

JACQUELINE
Du steak ou du poulet?

JEAN-GUY
N'importe quoi, j'te dis.

JACQUELINE
Ben choque-toi pas.

JEAN-GUY
J'me choque pas, j'ai ben le droit de vouloir manger n'importe quoi.

JACQUELINE

Mais je l'sais-tu moi, c'est quoi n'importe quoi?

JEAN-GUY

C'est pas compliqué, c'est du steak ou du poulet.

JACQUELINE

Ben oui, mais c'est lequel des deux?

JEAN-GUY

Me semble que tu sais toutte d'habitude...

JACQUELINE

Faut ben que je sache toutte, t'es même pas capable de faire la différence entre du steak pis du poulet.

JEAN-GUY

Une chance que «chus» marié à une institutrice qui est là pour toutte m'expliquer.

JACQUELINE

C'que chus pas capable de t'expliquer, par exemple, c'est la différence qui a entre ton air de bœuf pis ta tête de cochon.

Jean-Guy lui saisit le bras.

JEAN-GUY

Hey! Baisse le ton!

JACQUELINE

Touche-moi pas.

JEAN-GUY

Toi, on peut jamais te toucher.

JACQUELINE, *en hurlant*
Lâche-moi...

JEAN-GUY
Hey! Ça va faire!

Jean-Guy gifle Jacqueline.

JACQUELINE
Là, c'est trop!

Jacqueline se dirige vers la porte en prenant une valise. Les enfants (Réjean et Louison) la suivent et s'accrochent à sa jupe.

RÉJEAN et LOUISON
Maman... Maman...

JEAN-GUY
Tu l'auras voulu.

Stéphane «rebondit» derrière ce tableau «familial» et claque des doigts, procédé qui lui permet d'arrêter l'action et de faire figer les personnages sur place.

STÉPHANE
Oups! Il était moins une, non? Arrêtons l'action un moment! *(Aux enfants:)* Les enfants, dans votre chambre... *(Ils s'exécutent.)* Et interrogeons-nous sur une question... Mais qu'a-t-il bien pu donc se produire?... Pourtant, tout semblait croire qu'ils avaient l'air heureux... Y aurait-il une cause derrière cette querelle? Voilà le genre de question qui va plus loin. Qu'en pensez-vous, Adèle?

GILBERTE
D'après moi, oui.

STÉPHANE
Merci, ma bonne Adèle.

Gilberte se met à l'épousseter.

GILBERTE, *rieuse*
Vous r'viendrez, on est pas sorteux...

STÉPHANE
Oui, oui... *(Mal à l'aise.)* Ah, ah!...

Adèle l'interpelle.

GILBERTE
Hey, monsieur problème!

*Il se retourne vers elle. Elle lui passe le plumeau
sur le nez.*

GILBERTE
Vous avez une grosse poussière entre les deux
yeux...

STÉPHANE, *qui rit jaune*
Oh la la... Elle est vraiment bonne...

GILBERTE, *apercevant son mari dans la salle*
R'garde mon Roger...

STÉPHANE
Merci, Adèle... merci... merci beaucoup... Mais

nos deux gladiateurs, qu'en pensent-ils eux, d'après eux?

JEAN-GUY

A m'comprend pas.

JACQUELINE

I' m'comprend pas...

JEAN-GUY

I' s'comprennent pas...

STÉPHANE

Et depuis quand se comprend-on pas?

JEAN-GUY

Trois mois, j'dirais!

JACQUELINE

Oh non! Quatre mois au moins!

JEAN-GUY

Tens, c'est ben elle, ça!

STÉPHANE

Holà! holà! les amoureux... vous ne pensez pas que ça pourrait remonter à une date plus ultérieure? D'après vous, Adèle?

GILBERTE

Au moins, d'après moi. *(À son mari, dans la salle.)* Hey, ça va faire, Roger, fais-moi pas rire...

STÉPHANE

Adèle, amenez-nous le 25 novembre 67 s'il vous plaît...

Gilberte entre avec un panneau marqué «25
NOVEMBRE 1967» dessus, et derrière lequel sont
cachés Réjean et Louison.

GILBERTE, *en entrant*

Le v'là patron. C'est ben le 23 que vous m'avez demandé?

STÉPHANE

Euh, non, non, le 25...

GILBERTE, *mal à l'aise*

C'est une farce... chus pas pour vous amener le 23 novembre, c'est l'anniversaire de la vasectomie de mon mari... *(Vers son mari dans la salle.)* Hen? Là j't'ai eu...

STÉPHANE, *mal à l'aise*

Ah bon! merci Adèle... merci encore... Alors, si on regardait un peu ce qu'il y a derrière ce 25 novembre...

Réjean et Louison sortent, habillés 1960. Ils
s'enlacent l'un l'autre et restent figés.

JACQUELINE

Mon Dieu, mais c'est nous autres...

JEAN-GUY

Comme on étaient beaux à l'époque. Jeunes et révoltés...

JACQUELINE

On étaient pas mariés?...

STÉPHANE

Non, justement, et c'est bien là le drame, car

101

regardez bien... *(Il claque des doigts... Réjean et Loui-son se mettent à jouir gauchement.)*

LOUISON

Je t'aime, Christophe.

RÉJEAN

Moi aussi, tu sauras.

Ils s'embrassent.

LOUISON

Christophe, j'ai un drame à te dire...

RÉJEAN

Ne me dis pas que tu m'en aimes un autre...

LOUISON

Ne sois pas imbécile, ma grande puce.

RÉJEAN

Mais, allons, parle que je t'écoute...

LOUISON

Eh bien voilà, excuse-moi mais je suis enceinte.

RÉJEAN

Enceinte? mais de qui?

LOUISON

D'un bébé...

RÉJEAN

D'un bébé?

LOUISON

Qu'est-ce que nous allons faire, Christophe?

RÉJEAN

Nous t'en avons fait un bébé... Eh bien maintenant, tentons de t'en faire un adulte.

LOUISON

Mais tes études? et ton rêve de venir avocat? *(En se pointant le ventre.)* Ne serait-il pas mieux avorté?

RÉJEAN, *reculant d'un pas*

J'aime mieux avorter mes études que mon bébé... tu le sauras. *(Il la prend dans ses bras.)* Mon espèce... d'amour...

LOUISON

Ah! Christophe... nous serons assez heureux!

RÉJEAN, *l'air triste*

Tant mieux...

Stéphane claque des doigts. Les deux figent.

STÉPHANE, *pointant le visage de Réjean*

Regardez cet air. Le reconnaissez-vous, Christophe?

JEAN-GUY

Oui oui, c'est le mien...

JACQUELINE

Mais qu'est-ce qu'il avait?

STÉPHANE

Il avait que c'est l'air d'un homme qui vient de réaliser qu'il devra abandonner l'étude du Barreau pour celle du biberon, et ça, voilà 13 ans que ça dure, que ça le frustre en lui et que vous ne vous en êtes pas rendu compte...

JACQUELINE
Excuse-moi, avoir su...

Adèle rentre le manche du plumeau dans la bouche de Réjean. Stéphane lui fait signe de le retirer.

STÉPHANE, *déconcentré*
Non, Barbara, ne vous excusez pas, vous n'étiez pas en mesure de comprendre à l'époque, car vous-même vous aviez été frustrée à l'intérieur de votre relation entre vous deux...

JACQUELINE
Ah oui?

JEAN-GUY
Depuis quand?

STÉPHANE
Depuis le 25 août 1967...

Il arrache la date du 25 novembre et celle du 25 août apparaît dessous.

JACQUELINE
Ah mon Dieu! Pas la première fois qu'on a fait l'acte...

STÉPHANE
Oui, Barbara, vous venez de mettre le doigt sur votre gros bobo...

JACQUELINE

Ah non!

JEAN-GUY

La première fois? I' était rien arrivé...

STÉPHANE

Justement, Christophe, c'était bien là le drame, regardez bien... Adèle s'il vous plaît.

Adèle vient prendre le panneau qu'elle va placer dans le fond de la scène, derrière le sofa où avait lieu la scène «familiale» du début. Une fois retourné, le panneau sert de toile de fond représentant un décor de motel.

GILBERTE

Oui, patron... *(Elle agite le plumeau entre les deux jambes de Stéphane. Puis, elle part placer le panneau en le bougeant de droite à gauche.)* Coudonc, i' est tu saoul ce décor-là, hein patron?

STÉPHANE

Non, non, Adèle, merci...

Une fois le panneau placé...

Ah, là, je reconnais la place... c'était dans un motel que c'était?...

STÉPHANE

Justement oui... vous étiez dans ce même décor.

GILBERTE, *revenant vers Stéphane*

O.K. patron, le 25 août est prêt...

105

Elle se met en place devant Réjean et Louison...

STÉPHANE

Parfait, on y va... *(Claquant les doigts.)* Action...

GILBERTE

Motel Cupidon bonjour.

RÉJEAN

Bonjour mademoiselle la tenancière, est-ce qu'il y a des chambres dans votre motel?

GILBERTE

Oui oui, après moi... *(Elle se retourne et avance, suivie des deux autres.)* Alors c'est ici, ça c'est la lumière, ça c'est la fenêtre, ça c'est le plancher, le plafond se trouve à être au-dessus...

RÉJEAN et LOUISON

C'est vraiment beau. Nous le prenons.

GILBERTE

Ça, ici, c'est le sofa...

RÉJEAN et LOUISON

Ah oui?

GILBERTE

Asseyez-le.

Ils s'assoient.

RÉJEAN

Oh la la, ce qu'on est bien assis!

LOUISON

Et que dire du confort?...

RÉJEAN

Oui, d'accord, mais n'oublie pas qu'il est beau, toi là...

LOUISON

Une véritable fête pour les yeux...

GILBERTE

Mais vous n'avez rien vu encore, savez-vous qu'est-ce qu'y a en plein milieu de ce sofa-là?...

RÉJEAN et LOUISON

Non?

GILBERTE

Un lit...

RÉJEAN

Quoi? un lit? En reviens-tu mon amour?

LOUISON

Du tout... Et où peut-on trouver un meuble de ce calibre?

GILBERTE, *défaisant le sofa pour installer le lit*

Chez Roger Grenon Furniture, l'homme qui vous meuble des pieds à la tête...

RÉJEAN

Pardon, s'il vous plaît, son nom encore?

GILBERTE

Roger Grenon Furniture, c'est au 1244, rue Fontaine, vous pouvez pas le manquer.

LOUISON

Roger Grenon?

GILBERTE

Oui, oui, c'est ça, Roger Grenon... *(Elle pointe son mari.)* Ben quen, i' est là justement...

Louison et Réjean rient...

GILBERTE, à *Réjean et Louison*

Bon, j'vas vous laisser, i' faut que j'aille voir le nouveau-né de ma grand-mère...

LOUISON

Le nouveau-né de votre grand-mère?

GILBERTE

Ben oui, a vient juste de se faire refaire le nez...

STÉPHANE, *exaspéré*

Merci Adèle...

GILBERTE, *s'époussetant elle-même*

Oups!!! Chus mieux de m'effacer, moi là.

Elle sort en se passant le plumeau au-dessus de la tête.

STÉPHANE, à *Jean-Guy et Jacqueline*

Regardez bien, c'est là que ça se gâte...

RÉJEAN

Enfin seuls.

LOUISON, *feignant d'être mal à l'aise*

Bien oui... qu'est-ce qu'on fait?

RÉJEAN

J'ai le goût de nous deux, mon amour...

LOUISON

Tu es sûr?

RÉJEAN

Il est trop tard pour que nous reculons. Viens tendons-nous...

Ils s'étendent sur le lit.

LOUISON

Christophe?

RÉJEAN

Quoi?

LOUISON

Rien.

Réjean éteint la lumière. Black out.

RÉJEAN

Barbara.

LOUISON

Quoi?

RÉJEAN

(Il prononce son nom de plus en plus fort comme s'il était sur le point d'atteindre l'orgasme.) Barba-ra... Barbara.

LOUISON

Quoi?

RÉJEAN, *en pleine extase*

Bar-ba-ra... Bar ba ra ra rah...

LOUISON

Quoi ?

RÉJEAN

Rien...

Réjean rallume la lumière.

RÉJEAN

Ça t'a plu ?

LOUISON

Oui... oui...

RÉJEAN, *éteignant la lumière*

Bonne nuit.

Stéphane claque des doigts et arrête l'action. Il montre le visage figé et tourmenté de Louison.

STÉPHANE, *s'adressant à Jean-Guy*

Comprenez-vous, Christophe, ce qui se passe sur ce visage de femme « inépanouie » et combien cette scène s'est-elle répétée de fois à travers les années de votre chambre à coucher ?

JEAN-GUY

Je l'sais ben... *(À Jacqueline.)* Excuse-moi Barbara... avoir su...

JACQUELINE

Moi aussi avoir su, tantôt...

Stéphane traverse la scène jusqu'à son fauteuil. Louison et Réjean refont le sofa. Ils sortent en même temps que Gilberte qui sort le panneau.

110

STÉPHANE, *s'adressant au public*

Avoir su... Combien de gens, combien de monde donneraient tout aujourd'hui pour avoir su... si tous les couples du monde, masculins ou féminins, auraient ou avaient su se parler main dans la main, *(Jacqueline, une valise à la main, près de la porte; et Jean-Guy, près du sofa, reprennent leurs places.)* dialoguer de leurs pépins «matrimoniaux», s'ils s'étaient, comme dit l'expression, parlé dans le casque, eh bien peut-être y aurait-il moins de Christophe et moins de Barbara en instance d'être sur le bord de se quitter...

Stéphane se retourne dans la direction de Jean-Guy et de Jacqueline. L'éclairage augmente au-dessus d'eux.

STÉPHANE

Qu'adviendra-t-il maintenant de cette valise? Franchira-t-elle la porte ou rebroussera-t-elle chemin? Voyons-le pour voir...

Il claque des doigts... L'action reprend... Jacqueline fait mine de s'en aller avec sa valise...

JEAN-GUY

Barbara?

JACQUELINE

Quoi?

JEAN-GUY

J'aurais quelque chose à te dire.

111

JACQUELINE

On s'est tout dit...

JEAN-GUY

Non, écoute-moi...

Il commence à chanter la chanson Incommunicabilité.

INCOMMUNICABILITÉ

Jean-Guy chante.

Hé, toi, là-bas, réalises-tu que tu t'en vas?
Dis-moi pourquoi, serait-ce à cause de toi et moi?
Sans dialogue, un couple devient ankylosé
(Oui) un problème s'est fait pour se parler

Jacqueline lui répond.

Et toi, là-bas, tu dis des mots qui communiquent
Parlons de nous sous un aspect psychologique
Si une bouche c'est fait pour s'embrasser
Des oreilles c'est fait pour s'écouter

*Louison, Réjean et Gilberte sortent des coulisses
et chantent avec eux, en se tenant par la main.*

Incommunicabilité
Voilà où nous nous sommes acculés
Incommunicabilité
Tu fauches les couples comme le blé
Mais nous les commandos du dialogue
Avec nos grenades de confidence
Nous ferons sauter, incommunicabilité,
Ton mur de silence.

5

Réjean, tourné vers les coulisses, parle à sa mère qu'on ne voit pas.

RÉJEAN
Oui, oui, maman... chus capable de me rendre tout seul... on va vous rejoindre au restaurant... on va partir en groupe... bye bye...

Gilberte et Jacqueline entrent sur la scène avec des verres et une bouteille de Cinzano. Louison arrive des coulisses côté jardin et saute dans les bras de Réjean. Jean-Guy entre en dernier. Tout le monde est encore habillé comme dans la pièce. Stéphane est en train de se changer en coulisses.

GILBERTE
En tout cas, on valait ben des programmes de T.V. plattes à soir... j'te dis, mon mari en r'venait pas... y arrêtait pas de m'présenter à tout le monde, un peu plus pis i' m'présentait à ma sœur...

JACQUELINE
T'étais assez bonne aussi, le monde en pouvait pus de te voir.

GILBERTE
Tu peux ben parler toi. J'te dis que quand tu fais ta tragique, ôte-toi de d'là, hein. Par bout, t'aurais pu faire brailler une roche.

LOUISON

Une roche? Mets-en, une carrière même.

GILBERTE

On était touttes bons, c'pas mêlant. J'te dis, j'recommencerais tout d'suite.

LOUISON

Ah, moi avec... ma tante a va jamais au théâtre pis a m'a dit que ça faisait longtemps qu'a l'avait vu quèque chose de bon d'même.

RÉJEAN

En tout cas, Jean-Guy, garde ça pour toi, mais ma mère, a t'a trouvé ben de son goût.

LOUISON

Mon père aussi. I' a trouvé ton personnage à la fois très homme et très ému.

JEAN-GUY

Ah bon... tu 'i feras dire merci.

LOUISON

En tout cas, pour des amateurs, on faisait pas mal semi-professionnels, j'trouve.

RÉJEAN

C'est rare que j'suis fier de moi mais à soir j'pense que je l'mérite...

GILBERTE

Ton mari a eu l'air d'avoir aimé ça, hein, Jacqueline?

JACQUELINE

Ah oui! i' a dit qu'i' a ben ri...

114

GILBERTE

Mais i' a-tu aimé le profond aussi?

JACQUELINE

Ç'a l'air.

LOUISON, *s'adressant à Jean-Guy*

Toi, ta femme as-tu aimé ça?

JEAN-GUY

Ah oui... a l'a aimé ça mais j'pense qu'a l'aurait aimé que ce soit plus comédie musicale... t'sais...

LOUISON

A vient-tu au party?

JEAN-GUY

Ça s'peut mais est fatiguée... a l'savait pas... j'i ai dit qu'a serait peut-être mieux d'rentrer.

GILBFRTE

Mais toi, tu viens au party? Tout l'monde va être là...

JEAN-GUY

Ah oui, oui... c'pas parce que ma femme vient pas que... son mari y va pas.

Stéphane entre, une bouteille de vin mousseux à la main.

GILBERTE

Quen! V'là le patron!

Tout le monde applaudit Stéphane.

LOUISON

En tout cas, on te l'a peut-être pas dit mais j'pense qu'on t'a trouvé pas mal sensationnel dans ta pièce. *(S'adressant aux autres.)* Hein?

RÉJEAN

Moi, j'en reviens pas d'avoir joué avec toi. C'est quasiment un honneur.

STÉPHANE

Exagère pas, Réjean. C'est vous autres qui m'avez mis en valeur. *(Stéphane donne la bouteille à Réjean.)* Tiens, ouvre-moi donc ça, Réjean.

GILBERTE

Ah non, pas du champagne! On va ben être malades.

STÉPHANE

Vous méritez ben ça.

LOUISON

Est-ce qu'on peut te demander si t'es fier de nous?

STÉPHANE

J'peux vous l'dire maintenant, avant que la pièce commence, j'm'ennuyais d'ma mère, même si j'en ai jamais eue; mais là, j'peux vous dire une chose: j'ai rarement vu des débutants comme vous autres...

Réjean sert un verre à chacun.

JACQUELINE

Bon ben, on fait-tu «chin-chin» à quèque chose?

LOUISON
À Stéphane, pour qui euh... c'est grâce à lui...

TOUT LE MONDE
À Stéphane !

RÉJEAN, *après avoir bu*
Hum, i' est bon... i' est sucré...

GILBERTE
Bon, on s'en va-tu au party ?

STÉPHANE
Euh, une p'tite minute, i' a juste une petite affaire... j'voulais vous dire que c'est platte mais euh... i' a quelqu'un du milieu qui m'a appelé c'midi pour que j'aille discuter avec lui euh... c'est pour une proposition dans un... dans une télévision quoi, pis i' faut absolument que je l'voie à soir... parce que demain i' s'en va à Toronto ou quèque chose dans le genre... déjà là, ch't'un peu en retard. J'vous l'aurais ben dit avant la pièce mais vous étiez assez nerveux de même...

LOUISON
Ah non, qu'est-ce qu'on va faire sans toi ?...

GILBERTE
Mon mari qui voulait t'serrer la main...

STÉPHANE
Tu 'i serreras de ma part...

JACQUELINE
T'es sûr qui a pas moyen ?

STÉPHANE

Si y avait un moyen, j'serais le premier à le trouver...

LOUISON

Ah ben, c'est platte parce qu'on avait toutte... *(Elle regarde les autres...)* Hein?

GILBERTE

Ouen, c'est parce que on avait préparé, comme qui dirait, un p'tit hommage pour le party...

STÉPHANE

C'est pas nécessaire, voyons...

GILBERTE

C'est parce qui a un cadeau aussi...

STÉPHANE

Voyons, qu'est-cé vous voulez que j'fasse avec un cadeau... mon cadeau j'l'ai eu ce soir quand vous avez joué. Un cadeau, c'est pas toujours quèque chose d'emballé...

LOUISON

Ben justement, le nôtre i' l'est pas.

GILBERTE

Qu'est-ce qu'on fait, Jean-Guy? Tu parles-tu pis on 'i donne le cadeau après?

JEAN-GUY

O.K... ben, Stéphane, j'pense que tu t'doutes un peu de qu'est-ce qu'on va te dire... euh... ça arrive pas à tous les jours de travailler pendant trois mois avec quelqu'un de... ta catégorie. Je pense que ça serait difficile de pas te dire merci pour toutte c'que t'as réussi à faire avec nous autres. Évidemment, il y a eu des moments d'efforts difficiles à fournir en vue de sortir de notre fameuse coquille mais il y a eu aussi des moments et des fois où le plaisir coulait à flots. C'est donc dans l'euphorie que nous allons te dire merci en te donnant rendez-vous l'été prochain pour le festival d'été où euh... nous sommes supposés jouer. Donc, merci encore et euh... c'est ça...

Petit silence.

STÉPHANE
Ouen, ben, merci beaucoup, Jean-Guy... les autres aussi.

LOUISON
C'est peut-être pas grand-chose qu'est-ce qui vient de dire mais ça nous vient du cœur...

STÉPHANE
C'est ça qui compte...

GILBERTE, à *Réjean*
Envoye, Réjean, va chercher le cadeau...

Réjean sort en coulisses. Louison le suit.

GILBERTE, à *Stéphane*
Tout le monde a payé pour...

Réjean et Louison reviennent. Réjean donne le « cadeau » à Stéphane.

RÉJEAN, à *Stéphane*
J'espère que ça va te faire plaisir. Quand on
l'a vu chez Pascal, on a tout de suite pensé à toi.
Le v'là... *(Il donne le buste.)*

Stéphane le prend et enlève le drap. C'est un
buste de Molière.

STÉPHANE
Ah mon Dieu! Molière. Ça c'était du théâtre!
l' est très beau.

LOUISON
C'est vrai que ça devait être un bel homme...

STÉPHANE
J'aimerais ça pouvoir vous dire merci...

LOUISON
Attendez, c'est pas fini.

GILBERTE
Hein?

LOUISON, *sortant son propre cadeau*
J'ai pensé que étant donné que t'avais pas le
plaisir d'être marié, que tu penses pas à t'acheter
ça souvent... mais j'veux pas dire que t'es pas propre...

STÉPHANE, *en déballant*
Louison... c'est trop... j'l'avais pas dit que j'voulais pas de cadeau...

LOUISON
Non, tu l'avais pas dit...

120

STÉPHANE

J'me fais prendre à chaque fois. *(Il a fini de déballer. Il aperçoit le cadeau: une serviette de bain.)* Ah wow! As-tu vu la couleur, tu dois avoir du goût toi...

Louison est confuse.

JEAN-GUY, *en lui offrant une carte du P. Q.*

J'ai pensé que ça ferait du bien à province d'avoir un gars comme toi dans notre parti. Même si tu l'veux pas, te v'là rendu membre du parti... félicitations, mon Stéphane.

STÉPHANE

Ben coudonc, j'pensais pas d'me lancer en politique un jour; ça va me faire plaisir de la garder dans mon portefeuille. Est ben belle, Jean-Guy, j'te remercie.

RÉJEAN, *sortant de son portefeuille cinq dollars*

J'ai pas eu l'temps de penser à un cadeau mais euh... j'espère que... c'est pas grand-chose mais que tu pourras t'acheter quèque chose à ton goût...

Il vient pour lui donner le billet de cinq dollars mais Gilberte, qui fouillait dans son sac depuis un moment, intervient.

GILBERTE

Écoute Réjean, donne-z-y donc un dix. J'te donnerai cinq piastres.

STÉPHANE

C'est pas nécessaire...

GILBERTE

Ça me fait plaisir. *(À Réjean, un peu impatiente.)* En as-tu un dix?

RÉJEAN

Oui, oui, je l'ai. *(Il le donne à Stéphane.)*

STÉPHANE

Merci... ouen... j'sais pus quoi dire là... Bon ben, merci, en tout cas... chus pas fort pour recevoir des cadeaux d'habitude mais, euh, j'avoue qu'un buste pis une serviette je m'attendais pas à ça. La même chose pour... euh... le 10 $ de Gilberte pis l'affaire de Jean-Guy. J'pense que c'est un peu à moi que revient le mot de la fin. Je pense que ça me sert à rien de dire n'importe quoi, vous savez c'que j'pense, tout c'que j'pourrais ajouter si j'étais maniaque c'est, euh... lâchez pas, pis pas rien que la patate, hein? Toutte! Toutte! Vous êtes beaux, vous êtes beaux, O.K.? Bon, ben, là j'pense que c'est toutte, allez-vous-en tout le monde, faites-vous du fun, pis c'est sûr qu'on va se revoir.

LOUISON

Ben certain qu'on va s'revoir... on s'reverra pas au festival d'été?

GILBERTE

Ouen, qu'est-ce qui arrive avec le festival d'été, i' étaient pas là les jurys que t'avais invités?

STÉPHANE

Euh, oui, i' étaient là... j'ai pas eu l'temps des voir après.

GILBERTE

Peut-être qu'i' ont pas aimé ça?

STÉPHANE

Ah, non, non... c'est pas leur genre. On va attendre de voir avant si tout l'monde est disponible.

JACQUELINE, à *tous*

Ben, tout l'monde pouvait, hein?

Le monde acquiesce.

STÉPHANE

Bon, ben, c'est l'fun... comme ça si jamais ça marche, j'peux compter sur vous autres.

LOUISON

Mais t'aimerais pas ça que ça marche?

STÉPHANE

J'ai-tu dit ça, Louison? Fais-moi pas de peine, j'pense que c'est pas ça me connaître. Pas de panique, là! J'devrais avoir des nouvelles à un moment donné. Pis de la minute que ça marche ou que ça marche pas, j'appelle un de vous autres, Jacqueline par exemple... ça vous va-tu, Jacqueline?

GILBERTE et RÉJEAN

Oui, oui, Jacqueline, c'est parfait.

STÉPHANE

Bon, ben, i' faut absolument que j'y aille. Chose là... Toronto m'attend. *(En reculant.)* En tout cas, ça été ben spécial pour moi, pis j'espère qu'on se lâchera pas... J'vous trouve ben intenses. Ciaò!

Il recule. Les autres figent un peu. Stéphane sort.

GILBERTE

Ouan. Ben on va aller se changer pour le party.

*Réjean, Gilberte, Louison et Jean-Guy retour-
nent dans les coulisses se changer, Jacqueline
commece à se diriger vers les coulisses. Stéphane revient chercher son chapeau qu'il avait
oublié sur le sofa. Jacqueline, l'apercevant, va
vers lui.*

STÉPHANE

Mon chapeau !

*Il vient pour s'en aller. Jacqueline le retient par
le bras.*

JACQUELINE

Stéphane !

STÉPHANE

Hein ?

JACQUELINE

Excuse-moi, t'es pressé... eh j'voulais t'dire eh...
(Lui donnant une bague qu'elle a au doigt.) Tiens,
j'ai ça pour toi...

STÉPHANE

Est l'fun, c'bague-là... C'est pas ton alliance,
j'espère ?

JACQUELINE

Ben non...

STÉPHANE

O.K. merci.

Il recule pour s'en aller.

JACQUELINE

Attends! C'est parce que, là, j'sais pas que c'est qui arrive avec nous autres, c'est ça j'voulais t'dire tantôt... est-ce que... tu considères qu'on devrait se revoir ou si on est mieux que... le rêve soit fini... t'es-tu réveillé, toi?

STÉPHANE

Ben non... chus pas réveillé mais... euh... Ton mari i' a-tu aimé la pièce?

JACQUELINE

Ah, oui, oui! Mais la seule affaire, c'est que i' a même pas vu que Barbara sur scène, c'est moi dans vie. Que c'est moi avec lui.

STÉPHANE

Ben, euh, tu 'i expliqueras... mais toi, en tant que toi, es-tu contente du pas que t'as faitte...

JACQUELINE

Oui, mais c't'à cause de toi c'qui est arrivé, c'pas à cause de lui... chus fatigante, hein?

STÉPHANE

Voyons donc, Jacqueline, dis pas ça... j'aime pas ça les fatigantes... *(En sortant sa carte.)* Écoute, j'vas t'donner ma carte, là, si jamais tu veux m'appeler pour eh... n'importe quoi... gêne-toi pas... O.K.?

JACQUELINE

Mais qu'est-ce qui va arriver avec le bout de chemin qu'on a fait ensemble?

STÉPHANE

Des chemins, ça se croise toujours un moment donné, Jacqueline...

JACQUELINE

Oui, mais moi, cé quoi le chemin que j'vas prendre? J'ai fait un pas, là, Stéphane; dis-moi que je l'ai pas mis dans l'vide.

STÉPHANE

Non non.

JACQUELINE

Dis-moi que j'me suis pas trompée sur toi sinon j'me suis trompée sur moi aussi. T'as besoin de moi, toi avec, non?

STÉPHANE

C'est sûr...

JACQUELINE

Tu me parles avec ton ventre, là?

STÉPHANE

Oui. Oui.

JACQUELINE

Je le sais maintenant comment tu peux être seul, toi avec. C'est pas facile d'être authentique pis de réussir dans ce milieu-là... Je l'sais t'es à part, mais c'est ça que j'aime. On est pareils dans l'fond, on n'a pas de défense contre la mesquinerie du monde.

STÉPHANE

Ouan...

JACQUELINE

Stéphane, je l'sais que ça se dit pas à n'importe qui qu'on l'aime, mais j'peux te dire que mon mari je l'aime pus.

STÉPHANE

Écoute, i' faut absolument que j'y aille.

JACQUELINE

Qu'est-ce que je fais. Est-ce que j'viens avec toi ; aide-moi !

STÉPHANE

Écoute, Jacqueline, on est peut-être mieux d'arrêter de rêver en couleurs, on est mieux de laisser dormir ça...

JACQUELINE

Mais j'dormais avant, Stéphane, pourquoi t'es venu me réveiller ? Stéphane, dis-moi, j'aurai pas juste été une maîtresse de coulisses... Hein ?... Hein, Stéphane ?...

Jean-Guy fait son entrée sur scène.

JEAN-GUY

Ah ! excusez... j'vous dérange pas, j'espère !

STÉPHANE

Aie pas peur, tu déranges pas.

JEAN-GUY

T'es sûr ? J'pensais que t'étais parti toi... En tout cas, t'sais notre fameuse tasse de café qu'on devait prendre ensemble... C'est parce que là, avec ce que ma femme a vu à soir, ça l'air que j'pourrai même pu coucher dans boîte à pain. Ça se peut-tu que ça aille été une gaffe?

STÉPHANE

Non, non, Jean-Guy; écoute, Jacqueline a ma carte... appelle-moi. Si chus pas là, tu parleras à ma machine... j'te rappelle. Anytime. Ciaò le monde! Appelez-moi, hein? Lâchez pas, j'vous aime ben...

> *Stéphane sort. Jacqueline retourne tranquillement se changer dans sa loge en même temps que la musique se met en marche. Jean-Guy sort lui aussi pour finir de s'habiller. Gilberte croise Jacqueline, lui fait signe qu'elle va l'attendre, elle va sur scène et s'assoit sur un bras du sofa et rebouche la bouteille de Cinzano. Elle a l'air absente. Arrivent Louison et Réjean; Louison va parler à Gilberte, Réjean va vers le fauteuil de Stéphane et prend les lunettes et la pipe; Louison et Gilberte rient. Réjean et Louison font signe à Gilberte qu'ils s'en vont. Ils sortent en regardant autour d'eux. Jean-Guy entre. Il est défait. Il reste sur place un moment, puis fait un signe à Gilberte qu'il y va. Jacqueline arrive, cachant son drame du mieux qu'elle peut. Gilberte quitte la première en regardant dans la salle. Jacqueline, une fois seule, regarde une dernière fois désespérément dans la salle.*

TABLE